Über dieses Buch »Depression ist Hunger und Durst. Und wer hungrig ist, muß essen.« Dieser Satz eines Arztes, den Luise Habel konsultierte, klang simpel, aber auch logisch. Sie entschloß sich nach längerem Zögern, ihren sinkenden Lebensmut mit einer Gruppentherapie bei diesem Arzt zu bekämpfen. Was sie dabei lernte, war so befreiend, daß sie es in diesen Briefen, in denen sie wesentliche Erlebnisse und Erkenntnisse während der Therapie nachvollzieht, allen Menschen zugänglich machen möchte.
Endlich erfuhr sie, daß so elementare Gefühle wie Angst, Wut, Schmerz oder Freude nicht ungestraft unterdrückt werden dürfen. Daß es nichts mit Egozentrik oder mangelnder Selbstbeherrschung zu tun hat, die eigenen Gefühle zuzulassen, sie wichtig zu nehmen, ihnen nachzuspüren, sondern daß das die unabdingbare Voraussetzung ist für ein Verstehen der Gefühle anderer und damit für ein wirklich menschliches Miteinander. Sie weiß jetzt, daß sie sich selber überforderte mit dem Bestreben, immer für andere dazusein, anstatt zu bekennen, wie schwach und trostbedürftig sie auch oft ist. Und sie hat begriffen, daß jeder die Verantwortung hat für sein Leben: Wer lernt, seine Einstellung zu ändern und nicht länger die Schuld bei der Umwelt und den Umständen zu suchen, hat die Chance, ein erfülltes Leben zu führen.

Die Autorin Luise Habel, 1925 in Rothenburg geboren, erkrankte mit einem Jahr an Kinderlähmung und ist seither körperbehindert. Bekannt wurde sie mit ihrem 1978 erschienenen Buch ›Herrgott, schaff die Treppen ab‹. Sie ist sehr aktiv in der Behindertenarbeit und Herausgeberin des ›Rundbriefs‹, der Lebenshilfe für Behinderte und Nichtbehinderte geben will.

Luise Habel

Umarmen möcht ich Dich

Briefe an einen Therapeuten

Fischer
Taschenbuch
Verlag

20.–21. Tausend: September 1990

Veröffentlicht im Fischer Taschenbuch Verlag GmbH,
Frankfurt am Main, November 1986

Lizenzausgabe mit freundlicher Genehmigung
des Kösel-Verlags GmbH & Co., München

Umschlaggestaltung: Jan Buchholz/Reni Hinsch
Gesamtherstellung: Clausen & Bosse, Leck
Printed in Germany
ISBN 3-596-23299-6

Persönliche Erfahrungen mit Krisen

Unter dieser Überschrift legt der Fischer Taschenbuch Verlag Titel vor, deren Autoren aus eigenem Erleben oder auch aus der Betroffenheit über das Schicksal eines anderen versuchen, Ereignisse und Empfindungen zu reflektieren.
Ob die Ursache der Krise psychische oder physische Erkrankung, das Scheitern einer Partnerschaft oder sonst ein tief berührendes Erlebnis war – es gab Anlaß, das Leben zu überdenken.

Inhalt

I. Vorwort

Lieber Leser!
Ich weiß nicht, was Sie veranlaßt hat, dieses Buch in die Hand zu nehmen. Ob es der Titel war, der Sie angesprochen hat?
»Umarmen möcht ich dich!«
Welche Assoziationen hat das bei Ihnen ausgelöst? Sehnsucht? Schmerz? Freude? Erwartung? Vielleicht auch Erstaunen, daß da jemand so ungeschützt sagt: »Ich möchte dir nahe sein!«
Ich kenne das Verführerische dieses Titels. Ich weiß, daß er mißverständlich werden kann. Ich möchte Sie tatsächlich verführen, sich auf ein Abenteuer einzulassen, das weitaus aufregender sein kann als eine Sexgeschichte. Ich möchte Sie mit hineinnehmen in die Welt der Gefühle – Ihrer Gefühle, von denen ich hoffe, daß Sie sie beim Lesen meiner Geschichte wiederentdecken.
Diese Briefe, die ich an Johannes, meinen Therapeuten, geschrieben habe, habe ich eigentlich Ihnen erzählt.
Vielleicht wünschten Sie sich – wie ich es auch tat – hin und wieder eine persönliche Antwort von Johannes. Zwar hat er ab und zu angerufen, aber ein Brief von ihm kam erst, als ich meinen letzten Brief an ihn geschrieben hatte. Einen Abschiedsbrief, wie ich meinte. Aber Johannes sagte, der Dialog würde weitergehen – nicht nur mit ihm, sondern auch mit dem Leben.
Vielleicht beginnen auch Sie einen Dialog – mit mir, mit sich selbst, mit dem Partner Welt. Johannes meint, ich hätte eine wunderschöne Liebesgeschichte mit dem Leben angefangen.
Lassen Sie sich erzählen, wie es dazu kam.
Ich neige zu Depressionen und ich habe deshalb eine Gruppentherapie gewagt, die mich ganz intensiv mit meinen Basisgefühlen Schmerz – Angst – Wut – Freude – in Kontakt brachte. Ich habe etwas begriffen von emotionaler Gesundheit, und ich meinte, ich sollte diese Lebenshilfe an Sie weitergeben. Ich möchte Sie ermutigen, sich auf Ihre Gefühle einzulassen. Ich weiß, daß das zunächst Angst auslöst und daß dabei eine Menge Abwehrmechanismen in Gang kommen. Vielleicht ertappen Sie sich dabei, wie Sie anfangen zu argumentieren, weshalb es unzulässig sei, Wut zu zeigen. Vielleicht erschrecken Sie bei

dem Gedanken, vor einem anderen Menschen zu weinen. Vielleicht haben Sie Angst vor Ihrer eigenen Angst; Angst auch vor Nähe, vor Wärme, vor Zärtlichkeit...

Ich kann Sie gut verstehen. Ich kenne all das aus eigener Erfahrung und ich bin ein Leben lang vor meinen Gefühlen auf der Flucht gewesen. Kaum einmal habe ich mir einen Zornausbruch erlaubt und nur ganz selten einmal habe ich gezeigt, daß mir etwas weh tat, daß ich verletzt wurde. Ich war ein Mensch, der scheinbar lachend durchs Leben ging, der auch dann noch ein Dennoch wagte, wenn andere längst aufgegeben hatten. Ich war für andere Menschen da. Ich sah eine Lebensaufgabe darin, sie zu erfreuen und glücklich zu machen. Aber nach und nach entdeckte ich, daß *mir* etwas fehlte. Immer häufiger machte mir das Leben keinen Spaß mehr. Ich bekam Depressionen. Zum Glück merkte ich, daß ich etwas für mich tun mußte. Für mich... nicht für andere.

Da begegnete mir ein Arzt, der sagte: »Depression ist Hunger und Durst. Und wer hungrig ist, muß essen.«

Einer seiner für mich zunächst befremdlich klingenden Sätze lautete: »*Nehmen* ist seliger, denn geben.« Ich begriff erst nach und nach, daß ich lernen mußte zu *nehmen*, um wieder geben zu können. Meine Schwierigkeit bestand darin, daß ich mich dazu nicht berechtigt fühlte.

Dieser Arzt sagte: »Du hast ein Recht darauf – zu leben, Fülle zu erfahren, satt zu werden...« Aber er sagte auch: »Du bist selbst verantwortlich dafür...«

Nach anfänglichem Zögern entschloß ich mich, in der Klinik dieses Therapeuten eine Gruppentherapie zu wagen. Ich wollte die angebotene »Hilfe zur Selbsthilfe« kennenlernen.

Vielleicht erwarten Sie nun von mir, daß ich eine Abhandlung über psychotherapeutische Techniken schreibe. Vielleicht fragen Sie mich, ob nach Freud, nach C. G. Jung, nach Adler oder Rogers gearbeitet wurde; ob wir Transaktionsanalyse machten, Bioenergetik und wie die Techniken alle heißen. Ich fürchte, hier muß ich Sie enttäuschen. Es gab in dieser Fachklinik für sozio-psycho-somatische Medizin die verschiedensten Verfahren in Gruppen- und Einzelsitzungen. Sie enthielten Elemente der Gestalttherapie, der Transaktionsanalyse, des Psychodramas, der Verhaltenstherapie, der Bioenergetik, des autogenen Trainings, der konzentrativen Bewegungstherapie usw. mit dem Schwerpunkt des »New Identity Process« nach Dr. Daniel H. Casriel, New York. Jedoch ist mein Anlie-

gen nicht, die darüber bestehenden Fachbücher zu vermehren.
Ich möchte Sie mit hineinnehmen in das Einüben von *neuen* Verhaltensweisen. Ich erhoffe mir, daß Sie Mut bekommen, sich mit *Ihren* Emotionen auseinanderzusetzen, sich ihnen zu stellen, sie auszuhalten. Vielleicht fangen Sie an nachzudenken über eigenes Fehlverhalten. Vielleicht fragen Sie sich, wo auch Sie im Mangel leben und was Sie tun können, um dieses Defizit zu beheben. Ich möchte Sie teilnehmen lassen an dem, was ich erlebt habe...
Ich stelle Ihnen eine Klinik vor, in der man nicht von Patienten spricht, sondern von Gästen. Vielleicht wird es Sie befremden, daß alle Du zueinander sagen, daß auch die Ärzte mit Vornamen angesprochen werden. Vielleicht erleben Sie zunächst die therapeutische Gemeinschaft mit einigem Mißtrauen. Vielleicht haben Sie Einwände gegen das therapeutische Werkzeug des Schreis. Vielleicht haben Sie Schwierigkeiten damit, daß in der Klinik Menschen sich umarmen, zärtlich miteinander umgehen und daß Annahme, Wärme und Zuwendung Teile der Therapie sind.
Vielleicht...
Ich kann Ihnen versichern, daß Sie mit Ihrem Unbehagen und Ihren Einwänden nicht allein sind. Für einen Außenstehenden muß zunächst vieles mißverständlich erscheinen. Auch mir erging es nicht anders. Aber ich erkannte, daß das wirklich Heilsame sich nur dann erschließt, wenn ich mich darauf einlasse – einlasse auf *neue* Gedankengänge, *neue* Erlebnisse, *neue* Erfahrungen. Ich mußte mein »Darüber-Diskutieren« aufgeben und lernen, statt dem so übermächtigen Verstand einmal meinen Basisgefühlen Raum zu geben, sie ernst zu nehmen und ihnen zu trauen. Dabei mußte ich mich auseinandersetzen mit meinen Ängsten und Vorurteilen. Unbedingte Ehrlichkeit gegen eigenes Fehlverhalten war erforderlich für das Erlernen und Einüben neuer, an der Realität orientierter Verhaltensweisen.
Ich möchte Sie teilnehmen lassen an dem Auf und Ab dieser Therapie. Dabei hoffe ich, daß Sie sich an der einen oder anderen Stelle selbst entdecken. Daß Sie sagen:
»Ja, so ist das auch bei mir...«:
»Ich bin hungrig. Ich habe vergessen, daß ich für mein Essen als erwachsener Mensch selbst verantwortlich bin.«
»Ich fühle mich nicht berechtigt, Wünsche und Bedürfnisse zu haben...«

»Ich habe Schwierigkeiten damit, zu glauben, daß ich liebenswert bin.«
»Ich bin unheimlich wütend, aber ich wage nicht, es auszusprechen.«
»Ich lache immer, dabei möchte ich weinen...«
Haben Sie gemerkt, wie Sie anfangen, »Ich...« zu sagen, wie Sie aufhören zu argumentieren »man müßte...«, »man sollte...« und wie dabei ein Austausch ehrlicher wird, persönlicher, hilfreicher?
Vielleicht verstehen Sie nach dem Lesen dieser Briefe den Titel des Buches besser. Vielleicht spüren Sie, daß ich nicht nur gelernt habe, einen Menschen zu umarmen, sondern daß ich auch das Leben meine – mein Leben –, wenn ich sage: »Umarmen möcht ich dich – dich, du buntes, vielgestaltiges Leben mit deinen Höhen und Abgründen, mit deinem Schmerz und deiner Freude, mit Deinem Anspruch an mich und mit Deiner Fülle. Umarmen möcht ich dich, du Partner Welt. Antwort will ich wieder geben und Verantwortung übernehmen.«
Johannes, mein Therapeut, hat einmal zu mir gesagt:
»*Nimm* dir das *Leben*!«
Ich habe angefangen damit, wagen auch Sie es...

Luise Habel

II. Briefe

10. Oktober 1979

Lieber Johannes!
Heute ist es ein Jahr, daß ich in Deine Klinik kam. Daß mir das Datum noch gegenwärtig ist, mag Dir zeigen, wie wichtig diese Zeit für mich war. Zwar habe ich Dir einmal gesagt, ich möchte sie nicht noch einmal durchstehen müssen. Du weißt, daß ich manche Verletzung erfahren habe, daß ich mehr als einmal an meine Grenzen kam und daß vieles mir angst gemacht hat. Aber es ist etwas Seltsames passiert, etwas, was ich nie für möglich gehalten hätte.

In diesem vergangenen Jahr hat es kaum einen Tag gegeben, an dem ich nicht dankbar an Dich und Deine Klinik zurückgedacht habe. Ich lernte, meine Kräfte sinnvoller einzusetzen. Ich bin meinen Gefühlen nicht mehr hilflos ausgeliefert und muß sie auch nicht mehr verleugnen. Ich habe gelernt, einen Schritt über meine Angst hinauszutun. Ich kann bejahen, daß mir etwas weh tun darf. Daß ich mich meiner Tränen nicht schämen muß, und daß es gut ist, auch einmal zu weinen. Schwierigkeiten habe ich noch immer im Umgang mit meiner Wut. Sie zuzulassen fällt mir schwer, und ich ertappe mich immer wieder dabei, daß ich sie verdränge, sie nicht wahrhaben will, und daß ich nach wie vor bis in die Fingerspitzen kontrolliert reagiere.

Der Unterschied zu früher ist, daß mir das bewußt wird, und das ist hilfreich.

Weißt Du, was ich besonders schön finde? Daß ich mich wieder freuen kann und daß ich wieder intensiver lebe. Die Freude mußte ich nicht erst kennenlernen. Sie war mir vertraut. Aber ich mußte sie wiederentdecken, denn durch die anhaltende Depression war sie mir verlorengegangen.

Das ist das Wichtigste, was ich aus der Klinikzeit mitgenommen habe: daß ich mit meiner Depression anders umgehen kann. Ich habe begriffen, daß sie nicht heilbar ist; daß sie Ausdruck von Hunger und Durst ist. Und wer hungrig ist, muß essen – hast Du gesagt.

Manche Erinnerung steigt in mir auf.

Ich sehe die Klinik vor mir, die vielen steilen Stufen. Ich bin zu einem Vorstellungsgespräch zu Dir gekommen. Da ich noch ein wenig Zeit habe, warte ich im Auto. Wolfgang lädt meinen Rollstuhl aus. Du kommst die Treppe herab, zögerst einen Moment und gehst dann auf mich zu. Du kannst den vereinbarten Termin nicht einhalten. Wir einigen uns auf eine spätere Uhrzeit, und Du zeigst mir lächelnd, daß es 20 Meter weiter einen steilen aber stufenlosen Zugang zur Klinik gibt.

Das erste Gespräch mit Dir ist mir noch lebhaft in Erinnerung. Du bist ruhig und konzentriert dagesessen und hast mir zugehört. Ich hatte zuvor die Klinik besichtigt, hatte manches Gespräch geführt und ich fühlte mich gut in Form. Ich dachte, ich hätte Dir gegenüber ein sicheres Auftreten. Ich konnte mich gut artikulieren, ich berichtete Fakten, ein wenig unterkühlt und betont nüchtern. Ich war fast überzeugt, daß ich eine Therapie nicht brauchen würde. Da stelltest Du fest, ich sei ein sehr scheuer Mensch. Womit hatte ich mich verraten?

Ich dachte: »Wenn er das gemerkt hat, dann kann er wirklich etwas.«

Es war einer dieser Momente, die man vom Verstand her nicht erklären kann. Deine Feststellung war nichts Außergewöhnliches und doch ermöglichte sie mir, eine Entscheidung zu treffen, die mir zuvor noch fast unannehmbar schien.

Ich faßte Vertrauen zu Dir. Obwohl ich wußte, es würde eine harte Zeit werden, war ich bereit, mich darauf einzulassen. Ich empfand es als große Chance, einen Klinikplatz zu bekommen. Welche Chance es wirklich war, habe ich erst viel später begriffen.

Ich möchte Dir heute einfach einmal danken, daß Du mich so angenommen hast, wie ich war; daß Du mich ernst genommen hast mit all meinen Schwierigkeiten; daß Du kein Mitleid mit mir gehabt hast und daß Du mir nichts erspartest. Mir nicht und Dir auch nicht.

Von Herzen Dank, Johannes!

11. Oktober 1979

Lieber Johannes!

Du wunderst Dich sicher, daß ich Dir heute schon wieder schreibe. Aber ich bin gestern noch lange gesessen und habe über all das nachgedacht, was ich in Deiner psychosomatischen Klinik gelernt habe, und ich dachte, es könnte hilfreich für mich sein, diese für mich so wichtige Zeit nochmals nachzuerleben.

Ich wünschte mir, Du möchtest erfahren, wie ich das eine oder andere erlebt habe, und ich dachte, manches könnte auch für Dich aufschlußreich sein. Du hast mir einmal anvertraut, Du hättest immer Angst, wenn Du mir etwas sagen müßtest. Vielleicht kannst Du im nachhinein sehen, was richtig war und was nicht; vielleicht kannst Du mir zeigen, wo ich weiterhin ein Fehlverhalten beibehalte, das der Korrektur bedarf.
Ich möchte Dich heute einfach fragen, ob Du diesen Weg mit mir gehen willst.
Wie ich mir das gedacht habe?
Ich möchte Dich bitten, Dir all das schreiben zu dürfen, was mich bewegt. Bitte nimm Dir die Zeit, mir zuzuhören. Ich weiß, daß Du überfordert sein würdest, würde ich von Dir schriftliche Antworten erwarten. Ich weiß, daß trotz Deines äußeren Schweigens sich für mich lebendige Gespräche entwickeln können, und daß dieses scheinbar einseitige Sich-Mit-teilen trotzdem Austausch und Zwiesprache sein wird.
Bitte, Johannes, laß Dich auf diese erneute Begegnung ein!

20. Oktober 1979

Lieber Johannes!
Du hast mich mit Deinem spontanen Anruf sehr glücklich gemacht. Es war schön, Deine Aufgeschlossenheit zu spüren und Ermutigung zu erfahren. Ich bin – wie Du – gespannt, wie sich dieser Briefwechsel entwickeln wird. Ich weiß schon jetzt, daß Du manchmal Geduld mit mir haben mußt. Manchmal werde ich auf Deine Nachsicht angewiesen sein, und hin und wieder wirst Du Dinge zur Kenntnis nehmen müssen, die Dich vielleicht ärgern. Manchmal werde ich Dich langweilen, weil ich Dir allzu Bekanntes niederschreibe. Und manchmal – so hoffe ich wenigstens – werde ich Dich erfreuen.
In erster Linie wirst Du das Gelesene als Therapeut beurteilen, und deshalb wird Deine Sicht manchmal eine andere sein als die meine. Daß Du mir dabei auch als Mensch und Freund begegnest, das wünsche ich mir. Dein Einfühlungsvermögen garantiert mir, daß Du mich verstehen wirst in dem Auf und Ab einer schwierigen, schmerzvollen Therapie.

22. Oktober 1979

Hallo, Johannes!

Ich bin eben – im Rückerinnern – in Deiner Klinik angekommen. Ich muß gestehen, mir ist nicht ganz wohl zumute. Da gibt es einiges, was mir angst macht: z. B. daß alle Du zueinander sagen, auch Patienten und Ärzte. O pardon! Ich vergaß, daß man in der Klinik nicht von Patienten, sondern von Gästen spricht. Ich habe große Schwierigkeiten, Dich Johannes zu nennen, und zunächst einmal weiche ich Dir aus. Du bist mir noch fremd und unvertraut.

Zunächst versuche ich, das Haus in Besitz zu nehmen, auszuprobieren, wie ich mit dem Rollstuhl zurechtkommen werde. Am Aufzug gibt es die ersten Schwierigkeiten. Ich muß die Fußstützen abnehmen, trotzdem komme ich nicht ohne fremde Hilfe zurecht, weil ich nicht an die Knöpfe komme. Dieses Angewiesensein auf andere ärgert mich. Aber ich zeige es nicht, im Gegenteil, ich lächle charmant und bitte jemanden, mir zu helfen.

Mein Zimmer, das ich mit einer anderen Frau teilen muß, ist geräumig und rollstuhlgerecht. Ich hätte so gern ein Einzelzimmer gehabt. Aber da diese nur mit Duschen ausgestattet sind und ich eine Badewanne brauche, mußte ich dem Zweibettzimmer zustimmen. Das ist mir nicht leichtgefallen.

Die ersten Kontakte mit den Gästen finden statt. Mich erschreckt, daß mich ein Mann in den Arm nimmt und mit einem Kuß begrüßt. Er lacht und meint, daran würde ich mich schon noch gewöhnen. Ich glaube, davor habe ich am meisten Angst: vor all der Nähe.

Mit Erstaunen und Befremden habe ich beobachtet, daß sich da ein Paar umarmt, dort ein anderes steht und Zärtlichkeiten tauscht, daß Frauen sich gegenseitig streicheln und Männer sich küssen.

Ich weiß, wie schrecklich das für fremde Ohren klingen würde.

Wie oft hast Du uns darauf hingewiesen, wie eingeengt unser Verhalten und unser Denken sind. Daß wir nur noch registrieren können: wenn zwei Männer sich streicheln, dann müssen sie schwul sein. Wenn zwei Frauen sich im Arm halten, dann müssen sie Lesbierinnen sein, und wenn ein Mann und eine Frau zärtlich miteinander sind, dann haben sie bestimmt ein Verhältnis. Wie oft hast Du versucht, uns klar zu machen, daß wir verlernt haben, uns sinnlich zu erleben. Alles, was mit Sinnenlust zusammenhängt, ist für uns schon Sexualität.

Ich gestehe, daß ich hier erhebliche Schwierigkeiten hatte. Ich hätte nie gedacht, daß Nähe so viel Angst auslösen kann; daß Wärme und Zuwendung mich so total verunsichern. Gleichzeitig merkte ich, wie verhungert ich war. Ich hätte schreien mögen, so schmerzlich wurde mir der Mangel an Liebe bewußt. Aber ich verbot mir diese Gefühle. Ich verdrängte sie. Ich hatte ein Leben lang gelernt, kontrolliert zu reagieren. Ich baute meine Selbstbeherrschung wie eine Mauer um mich und verschanzte mich dahinter, denn all die aufsteigenden Gefühle wirkten auf mich sehr bedrohlich.
Heute muß ich lachen, wenn ich daran denke, wie stocksteif ich zunächst reagierte, wenn mich jemand umarmen wollte. Mit der Zeit verlor sich das, und ich wurde offener. Allerdings muß ich gestehen, daß ich inzwischen schon wieder einige Schwierigkeiten damit habe. Zwar umarme ich beim Abschied jetzt spontan einen Besucher oder eine Besucherin. Aber wenn ich dann ihr Befremden spüre, ist mir mein Tun peinlich. Ich muß mir dann erst bewußt machen, daß meine Reaktion kein Fehlverhalten war, sondern daß der andere die gleichen Schwierigkeiten hat, wie ich sie vor meinem Klinikaufenthalt aufwies. Nicht immer gelingt mir dieser Bewußtmachungsprozeß.
Heute hat *mich* eine Frau in die Arme genommen. Ich hatte ihr viel von Deiner Klinik erzählt. Ich merkte, wie mir das Herz dabei aufging und wie ich einiges von dort weitergeben konnte. Ich erzählte einfach von mir und meinen Erfahrungen. Ich hatte keine Ratschläge. Ich sagte: *Ich* habe das so und so erlebt. Und es war schön zu spüren, wie eine Atmosphäre des Vertrauens wuchs. Die Frau ließ mich teilnehmen an ihren Ängsten und Schmerzen, und ich erzählte ihr, wie ich einmal bei Dir war und sehr geweint habe. Du bist damals ganz still und konzentriert dagesessen und hast mich reden lassen. Mir liefen die Tränen übers Gesicht und zum ersten Mal schämte ich mich dieser Regung nicht. Mir war gleichgültig, daß ich mit meinem tränenüberströmten Gesicht keinen erfreulichen Anblick für Dich bot. Ich konnte Dir in die Augen schauen und war dankbar, daß Du meinen Schmerz nicht weggeredet hast, daß Du nichts zugestreichelt hast und nicht versuchtest, mich zu beschwichtigen. Mir war, als wäre ich nach einem langen, beschwerlichen Weg in der Hütte eines Freundes angekommen, in der ein Herdfeuer brennt, an dem ich mich wärmen darf. Da war kein befürsorgendes Fragen, kein lästiges In-mich-Dringen. Ich konnte meine alten, verdreckten, vor Kälte erstarrten Lumpen auszie-

hen, ohne mich schämen zu müssen. Ich spürte die Wärme des Herdfeuers und ich gab dem Bedürfnis nach, das zu sein, was ich war: müde, erschöpft, verletzt. Dein Blick hüllte mich ein, verband die schmerzenden Wunden, und für einen Augenblick – für einen Augen-blick – erlebte ich Geborgenheit. Das war ungemein beglückend, aber es tat auch unendlich weh. Denn gleichzeitig spürte ich meinen ganzen Mangel. Ich wußte, gleich wird dieses Glücksgefühl vorbei sein, gleich werde ich gehen müssen, werde mich wieder einlassen müssen auf schmerzliche Gruppenerfahrungen.
Noch heute ist dieser Moment lebendig. Ich sehe Dich sitzen, den Tisch zwischen uns, wir schweigen und schauen uns nur an. Dein herbes Gesicht wirkt offen und weich, und ich kann mich so annehmen wie ich bin, weil ich mich von Dir angenommen weiß. Nie bist Du mir näher gewesen – selbst dann nicht, wenn Du mich in den Arm genommen hast – als in diesem Augenblick. Als ich ging, hieltest Du mich fest und fragtest:
»Hast du gemerkt, daß ich dir sagen wollte: ich mag dich!?«
Obwohl ich aus meinen Klinikerfahrungen weiß, daß es nichts Außergewöhnliches ist, wenn Du jemanden magst, hat es mich beglückt, daß Du es ausgesprochen hast. Ich war immer wieder überrascht von Deiner Wärme und Liebe, die Du jedem von uns entgegengebracht hast. Manchmal habe ich Dich belauert, ob Du nicht Unterschiede machst; ob Du nicht besondere Lieblinge hast, denen Du Deine Gunst schenkst. Aber ich habe Dich nie erwischt.
Für mich war neu, daß es Menschen gab, die Liebe so offen, so ungeschützt zeigten. Ich war früher immer bemüht, nur ja niemanden merken zu lassen, wenn ich jemanden mochte – schon gar nicht, wenn das ein verheirateter Mann war. Nun erlebte ich in Deiner Klinik, daß Liebe etwas Großes und Schönes ist, etwas, dessen man sich nicht schämen muß.
Heute kann ich spontan zu jemandem sagen: »Du – ich mag dich!« Ich muß mich nicht mehr schützen und bewahren. Ich kann zu meinem Gefühl der Wärme und Zuwendung stehen. Und das verdanke ich Dir, Johannes.
Einmal sagte eine Frau, der ich von Dir erzählte: »Du bist ganz schön in ihn verliebt.«
Früher hätte ich das als Unterstellung weit von mir gewiesen. Heute weiß ich, daß ich meine Gefühle nicht leugnen muß, und so sagte ich zum Erstaunen der Frau:
»Ja, ich mag ihn sehr!«

Ich habe weder versucht mich zu rechtfertigen, noch zu erklären, daß das mit Sex nichts zu tun habe und daß ich Dich nicht als Mann, sondern als Mensch mag. Ich wußte einfach, daß mein Gefühl okay ist.
Warum sollte ich Dir, dem ich so viel verdanke, nicht gut sein?
All das habe ich meiner heutigen Besucherin erzählt. Als sie ging, umarmte sie mich und sagte:
»Du bist eine Ermutigung!«
Ist das nicht schön, Johannes?

23. Oktober 1979

Lieber Johannes!
Wer will schon Schmerzen aushalten? Du weißt, daß körperliche Schmerzen seit vielen Jahren zu meinem Leben gehören. Durch meine Körperbehinderung werde ich nie ganz schmerzfrei sein. Aber ich habe weniger Schmerzen als früher. Ich bin viel entspannter und ich wehre mich auch nicht mehr so sehr gegen den Schmerz. Ich atme in ihn hinein und bin bereit, ihn anzunehmen. Dabei geschieht das Merkwürdige, daß er erträglicher wird, manchmal fast ganz verschwindet.
Ich muß Dir zustimmen, es ist eine Einstellungssache!
Dies trifft noch mehr bei seelischen Schmerzen zu.
Ich habe immer gemeint, mir dürfe nichts mehr weh tun – kein Verzicht und kein Mangel. Ich habe den Schmerz gekonnt verdrängt. Ich schlug in Gedanken zwei Haken und sagte mir:
»Spinn dich nicht zusammen, so schlimm ist es doch gar nicht.«
Und dann war für mich die Welt scheinbar wieder im Lot. Aber eben nur scheinbar. Meine Tapferkeit hat einen hohen Preis gefordert.
Werner, mein Therapeut, hat immer wieder einmal gesagt:
»Die tapfere Luise mag ich nicht!«
Mich hat das ziemlich wütend gemacht, und ich dachte:
»Blöder Affe! Wo wäre ich heute, wenn ich nicht immer tapfer gewesen wäre?«
Ich habe lange gebraucht, bis ich begriffen habe, was er mir vermitteln wollte.
An dem Tag, als ich tränenüberströmt bei Dir saß, habe ich zum ersten Mal wirklich zugelassen, daß mir etwas weh tun darf. Es war so viel Schmerz in mir, so viel Verletzung, und ich mußte

mich dessen nicht schämen. Ich durfte dieses Gefühl bejahen. Mit diesem Wissen ging ich am nächsten Tag in Deine Einstellungsgruppe. Dort waren ca. 30 Gäste. Ich wartete zunächst ab und erlebte, wie intensiv einige Gäste an ihren Gefühlen arbeiteten. Wie sie das therapeutische Werkzeug des Schreis einsetzten, um an ihre Basisgefühle zu kommen. Mir hat das Schreien immer angst gemacht. Heute weiß ich, daß ich einfach nicht die Kontrolle über mich verlieren wollte.

Ich wußte an diesem Morgen, daß es wichtig für mich war, mich meinem Schmerz zu stellen. Ich hatte große Angst davor. Ich sagte:

»Johannes, ich will an meinem Schmerz arbeiten, aber ich will nicht schreien.«

Ich begann mit dem Satz: »Es tut weh!«

Ich mußte es jedem einzelnen der Gäste sagen. Ich mußte sie dabei anschauen, und es war ungemein hart, mich so ungeschützt zu zeigen. Als ich abbrechen wollte, mahntest Du:

»Mach weiter!«

Und ich wagte mich weiter und spürte den Schmerz immer intensiver in mir. Tränen liefen über mein Gesicht.

»Ich kann das nicht aushalten!« dachte ich und brach ab.

»Mach weiter!« Du sagtest es ermutigend, und ich war dankbar, daß Du mich nicht auffordertest: »Lauter!« Endlich war die Runde zu Ende. Ich fühlte mich erschöpft. Ich hatte das Gefühl, harte Arbeit geleistet zu haben, und ich sehnte mich nach der Nähe eines Menschen. Ich legte meinen Kopf auf die Schulter meines Nebenmannes und fühlte mich sehr trostbedürftig. Du sagtest ganz ruhig:

»Lehn dich jetzt nicht an!«

Es war kein Befehl. Du zwangst mich nicht, weiterzugehen. Du signalisiertest:

»Ich weiß, wie schwer das ist. Wag's!«

Mir benahm diese Aufforderung schier den Atem. Aber gleichzeitig war in mir ein unendliches Vertrauen. Mir war, als würde ich auf einem Trapez stehen und den Absprung wagen müssen. Ich ließ die tröstliche Schulter, setzte mich gerade und fing noch einmal an:

»Es tut weh!«

Ich merkte, daß meine Stimme anders klang als zuvor, ehrlicher, emotionaler. Ich wurde ganz Schmerz und ich begriff, was Du damit meintest. Mein Kopf war ausgeschaltet. Ich dachte nicht mehr an mein verheultes Gesicht. Ich vergaß die

unschöne Rotznase. Auch wenn meine Stimme nicht viel lauter wurde, war sie doch ein einziger Schrei:
»Es tut weh!«
Es war ein Untertauchen bis zum Grund. Da waren all die Verletzungen eines ganzen Lebens, die ich nie wahrhaben wollte und von denen ich befürchtete, sie würden mich umbringen, wenn ich sie zuließe.
Als ich das Gefühl hatte, ins Bodenlose zu stürzen, warst Du da und fingst mich auf. Du nahmst mich in Deine Arme und streicheltest beruhigend meinen Rücken. Für mich war eine ganz wichtige Erfahrung, daß ich in diesem Gefühlssturm nicht allein war.
Schon immer hatte ich fasziniert beobachtet, wie selbstverständlich Du da warst, wenn einer den Absprung wagte. Nie bist Du zu früh gekommen. Für mich war manchmal atemberaubend, wie Du zugewartet hast und dem anderen nichts erspartest. Er mußte springen, um das Glück des Aufgefangenwerdens zu erleben. Ohne Vertrauen ging das nicht. Hätte ich nicht am Vortag diesen Moment der Geborgenheit erlebt, ich hätte den Absprung nicht gewagt. Jetzt aber stand mein Trapez nicht still, es schwang hin und her. Das war wichtig. Ich mußte es noch weiter in Schwingung versetzen, damit ich springen konnte. Wir bewegten uns aufeinander zu, ich sprang und Du fingst mich auf.
Du sagtest, es sei auch für Dich schön, meinen Schmerz miterleben zu dürfen, und ich begriff, daß Schmerz nicht Schwäche ist, sondern ein großes, starkes Gefühl, das zum Menschsein gehört. Ich durfte es bejahen und mußte mich dessen nicht schämen.
Als ich in die Runde schaute, sah ich viele bewegte Gesichter. Manch einer hatte Tränen in den Augen. Immer wieder stand jemand aus der Gruppe auf und umarmte mich. Ich erfuhr viel Wärme und Zuwendung. Ich fühlte mich frei und geborgen zugleich. Mir wurde bewußt, daß viel Kraft in mir war, die mich befähigte, ein erfülltes Leben zu leben.
Ich lächelte unter Tränen...
Das Leben war schön!

27. Oktober 1979

Lieber Johannes!

Heute Morgen mußte ich nach langer Zeit wieder einmal eine Schmerztablette nehmen. Du weißt, daß ich nicht unkontrolliert Pillen schlucke. Das Wissen, daß in Deiner Klinik zunächst einmal alle Medikamente abgesetzt werden, hätte mich beinahe davon abgehalten, meine Therapie zu beginnen. Die Vorstellung, bei unerträglichen Schmerzen ohne Tablette sein zu müssen, war schier unannehmbar für mich. Deshalb versuchte ich auch mit Werner bei der Untersuchung zu verhandeln. Zwar sah ich ein, daß er das Limbatril einbehielt, das ich über Jahre hinweg am Abend eingenommen hatte, aber auf das Schmerzmittel wollte ich nicht verzichten. Werner sagte, er hätte Nachtdienst, ich könne kommen, wenn es nicht ginge. Ich antwortete sehr hochnäsig, ehe ich käme, müßte ich eine Gallenkolik haben. Werner zuckte nur mit den Schultern und ließ mich gehen. Acht Tage später fragte er, ob ich noch Medikamente hätte. Ihm sei unheimlich, daß ich bis jetzt noch um keine Schmerztablette bat. Ich war ziemlich gekränkt, daß er mir diesen Betrug zutraute. Verärgert erklärte ich, ich würde ihm die Genugtuung, daß ich angekrochen käme, einfach nicht gönnen. Er würde ja doch nur sagen, das müsse ich aushalten. Er meinte, vielleicht könnte ich eine neue Erfahrung machen. Aber ich war so sicher, wie diese Erfahrung aussehen würde, daß ich keine Lust dazu verspürte.

Manchen Tag meinte ich, die Schmerzen nicht mehr aushalten zu können. Aber mein Stolz ließ nicht zu, dies einzugestehen. Ich hatte in meinem Leben so oft schier Übermenschliches leisten müssen. Nun sollte ich nach einer Tablette winseln? Nie!

Nach sieben Wochen war ich so mürb, daß ich zu Werner ging und fragte:

»Was machst du, wenn du drei Tage Zahnweh hast?«

»Dann gehe ich zum Zahnarzt.«

»Und was mache ich mit sieben Wochen Hüftschmerzen?«

»Eine Tablette nehmen!«

Das konnte doch nicht wahr sein! Wollte er sich lustig über mich machen? Aber Werner ging zu einem Schrank und nahm daraus die von mir abgelieferten Schmerztabletten und händigte sie mir aus:

»Die hättest du schon am ersten Tag haben können.«

Damit ließ er mich stehen. Zunächst stieg ein fürchterlicher Zorn in mir hoch.

»Dieser Sadist!« dachte ich. »Wie muß er das genossen haben, daß ich so leide!«
War er nicht als Arzt verpflichtet, mir zu helfen? Aber in dieser Scheißklinik half einem ja kein Mensch. Da mußte man alles selber tun. In anderen Kliniken waren die Ärzte und Schwestern zum Wohl des Patienten da, da wurde man be-handelt. Hier mußte man handeln. Hilfe zur Selbsthilfe hieß das.
Langsam dämmerte mir, daß ich es war, die dieses Verhalten provoziert hatte. Ich konnte wieder einmal – wie so oft – nicht eingestehen, daß ich etwas nicht meisterte.
Du hast in Deinen Vorträgen so oft von der erforderlichen Kapitulation gesprochen. Ich konnte nicht kapitulieren. Ich kämpfte wie eine Irre und manchmal wurde ich auch Sieger. Ich verstand nicht, was Du mit der Kapitulation meintest. Und wenn Du sagtest: »Du kämpfst immer noch!«, dann dachte ich: »Ja, Gott sei Dank!«
Ich wollte mein Klinikziel schaffen, und dazu gehörte für mich der Kampf ums Überleben. Ich wollte überleben und ich begriff nicht, daß ich sterben mußte, um leben – wirklich leben – zu können.
Wie oft hast Du zitiert:
»Wenn du nicht stirbst
bevor du stirbst,
du verdirbst
eh du stirbst.«
Ich bin jetzt nicht einmal sicher, ob dieses Zitat richtig wiedergegeben ist. Auch jetzt noch habe ich damit meine Schwierigkeiten. Es fällt mir schwer, einzugestehen, daß ich mein Leben nur noch in Verbindung mit Gott meistern kann. Ich schreibe jetzt bewußt nicht »mit der höheren Macht«, wie es die Anonymen Alkoholiker in ihrem Programm formulieren. Mir macht es keine Schwierigkeiten, »Gott« zu sagen, und vom Kopf her weiß ich auch, daß ich von ihm abhängig bin. Aber ich ertappe mich immer wieder, daß ich mein Leben gern in eigener Regie führe. Daß mir viel wohler ist, wenn ich alles selbst regeln und klären kann. Es fällt mir schwer, mich zu verlassen...
Spürst Du die Doppeldeutigkeit dieses Wortes?
»Sich auf einen anderen verlassen...«
Aber auch: »Sich selbst verlassen – von sich weggehen...«
Im Moment fehlt mir die Zeit, darüber ausführlicher zu schreiben. Ich komme bestimmt noch einmal darauf zurück.
Hab Dank, daß Du mir zugehört hast.

28. Oktober 1979

Lieber Johannes!

Ich habe heute ein ganz intensives Bonding mit dem Herbst erlebt, mit der zauberhaften Fülle flammender Farben, mit den tanzenden Blättern, mit dem wirbelnden Wind. In dem Wort Bonding steckt ja das Wort Bindung. Ich kann mich wieder an den Partner Welt binden und lebendigen Bezug zu ihm haben. Ich habe den Dialog zu ihm wieder aufgenommen und ich bin erstaunt, wie vielfältig er ist, wie bereichernd und beschenkend. Und ich höre Dich sagen:

»*Nimm* dir das Leben!«

Als ich diesen Ausspruch das erste Mal von Dir hörte, bin ich sehr erschrocken. Ich begriff ihn im ersten Moment gar nicht und ich dachte, mit solch ernsten Dingen soll man nicht spielen. Aber dann hörte ich genauer hin. Ich sah plötzlich die Fülle des Lebens vor mir und vernahm die Einladung, mir zu nehmen, was ich brauche. Ich spürte meine Berechtigung dazu und wußte plötzlich, daß mir das Leben in seiner ganzen Fülle zustand.

Das steht jetzt so einfach da. Aber es ist ein langer Lernprozeß gewesen. Nein, so ist es nicht richtig formuliert: es ist ein Lernprozeß, der noch immer anhält. Und ich höre Dich sagen:

»Üben... üben... üben... Immer so tun als ob.«

Erst habe ich gemeint, dieses »So-tun-als-Ob...« sei Heuchelei. Das sei Betrug. Aber dann habe ich nachgedacht über Dein Beispiel von der Fremdsprache, die man nur lernt, wenn man anfängt, sie zu sprechen, auch wenn man sie noch nicht beherrscht.

Ich habe in meinem Leben nur selten einmal die Berechtigung gespürt, daß es mir gut gehen darf; daß ich meinen Bedürfnissen nachgeben darf; daß ich ein Recht habe, satt zu werden. Es ist wichtig für mich zu wissen, daß wir Menschen dieses Recht haben. Vieles, was ich angefangen habe, ist mißlungen, weil ich meine Berechtigung dazu nicht gespürt habe. Dies ist mir in der Klinik schmerzlich bewußt geworden. Nicht die anderen waren am Mißlingen schuld, sondern ich selbst. Es war sehr unbequem zu sehen, daß ich Verantwortung für mein Leben habe. Ob es mir gut oder schlecht ging, dafür war ich selbst verantwortlich. Ich mußte aufhören zu sagen, wenn das und das in meinem Leben da wäre, dann würde es gelingen. Ich merkte, wie oft ich »wenn...« sagte. Irgend etwas fehlte mir immer zu

meinem Glück. Da war der Partner, den ich schmerzlich vermißte. Wenn ich ihn haben würde, dann... Da war das Abhängigsein durch die Behinderung. Wenn ich beweglicher wäre, dann...
Ich habe es nicht nur an mir beobachtet, sondern auch an vielen anderen Gästen, wie sie immer wieder »wenn...« sagten. Wie sie nicht aufhören konnten, dem Leben Bedingungen zu stellen, und wie schwer es ihnen fiel, zu begreifen, daß das Leben sich keine Bedingungen stellen läßt.
Ich erwartete die Hilfe von außen, während Du versuchtest, uns klar zu machen, daß wir alles in uns haben, was wir brauchen...
Unvergeßlich ist mir, wie Du erzähltest von dem weiten Land, das uns immer schon gehört hat. Aber wir wissen es nicht. Wir haben uns eingerichtet in einem kleinen gemütlichen Häuschen, mit Blumen vorm Fenster und einem Zaun davor. Und dann kommt ein Sturm und weht uns das Dach vom Haus und wir müssen unser Grundstück verlassen. Wir müssen hinaus in unbekanntes Gelände. Wir treffen Menschen und wir fragen sie, wem dieses weite Land gehört. Und da hören wir unseren Namen.
Das hat mich ungemein beeindruckt, daß da einer ist, der meinen Namen sagt, und daß ich ein Land sehe, das mir schon immer gehört hat. Ich kann nicht fassen, daß ich so reich bin. Zwar habe ich es in all den Jahren immer wieder einmal geahnt. Jetzt aber weiß ich es. Nun möchte ich ausschreiten und dieses Land in Besitz nehmen. Ich möchte mich freuen an seiner Weite, an seiner Vielgestalt, an seinen Bergen und Tälern, den grünen Auen und den tosenden Wassern. Ich möchte die Sonne spüren, die meinen Apfelbaum blühen läßt und den Herbstwind, der morsches Geäst hinwegfegt. Ich werde Gäste haben, die sich freuen an der Schönheit meines Landes, die es bevölkern, die es mit mir teilen und die mir helfen werden bei all der Arbeit, die solch ein Besitz mit sich bringt. Es wird wichtig sein, daß ich immer wieder meinen Namen höre, damit ich nicht vergesse, was mir gehört. Ich habe die Verantwortung für mein Land übernommen und ich will Antwort geben dort, wo ich gefragt werde. Ich will mich freuen an seiner Weite und will es abgrenzen gegen Eindringlinge, die mir meinen Besitz streitig machen wollen.
Hermann war solch ein Mensch. Immer hatte er etwas an mir auszusetzen. Wenn es nach ihm gegangen wäre, hätte ich erst

dann eine Daseinsberechtigung gehabt, wenn ich all seinen Vorstellungen entsprochen hätte. Ich konnte kaum einen Satz sagen, den er nicht anders formuliert haben wollte. Der Mann löste viel Angst bei mir aus.
Eines Tages erinnerte ich mich, daß Du uns immer wieder geraten hast:
»Tu einen Schritt über deine Angst hinaus.«
Es war also normal, Angst zu haben, nicht jedem der Gäste gewachsen zu sein. Nicht normal war, daß ich mein Selbstvertrauen durch Hermann in Frage stellen ließ. Er verteilte Noten, und meine Versetzung war nicht nur gefährdet. Für ihn stand fest, daß ich das Klassenziel nie erreichen würde. Ich wußte, ich würde die Angst vor diesem düsteren Mann mit seinen eifernden Augen und seinem kantigen Gesicht erst dann los werden, wenn ich mich ihm stellte.
Es war wieder Großgruppe. Ich war bereit zu arbeiten und ich sagte zu ihm vor allen Gästen:
»Hermann, ich habe dich gewählt.«
Ich verwendete bewußt diese Formulierung. Ich fragte nicht unsicher:
»Würdest du bitte mit mir arbeiten?«
Ich erinnerte mich daran, daß Du einmal zu einer Frau gesagt hattest:
»Der andere hat Schwein, wenn du ihn wählst.«
Hermann zögerte, und ich fragte ohne Herzklopfen:
»Okay, Hermann?«
Er stimmte zu. Aber ehe wir miteinander zu arbeiten anfingen, rügte er die Art, wie ich ihn aufgefordert hatte. Das stünde mir wohl doch nicht zu. Immerhin hätte ich ihn bitten oder zumindest fragen müssen. Er spielte sich auf wie ein gönnerhafter Boß, der großzügig Almosen gewährt. Ich hörte mich ganz ruhig sagen:
»Du scheinst nicht zu wissen, daß ich ein Geschenk bin.«
Hermann schnappte nach Luft und sah mich ärgerlich an. Dann begann er, mich schamlos zu kritisieren. Das machte mich so wütend, daß ich schrie:
»Halt dein Maul!«
Ich schrie es wirklich. Ich reagierte nicht mehr kontrolliert. Ich verspürte auch keine Angst mehr. Heute weiß ich, daß Hermann nur der Auslöser zu diesem Ausbruch war. In Wirklichkeit schrie ich es allen Leuten zu, die – supergescheit – mir ein Leben lang Ratschläge gaben, billige Ratschläge, die sie nie et-

was gekostet hatten. Rat*schläge*. Ich war nicht mehr bereit, mich weiterhin prügeln zu lassen. Was hatte ich doch alles geschluckt: Unverschämtheiten, Unverfrorenheiten, Lieblosigkeiten. Was Wunder, daß ich daran schier erstickt bin, daß ich Depressionen bekam, daß ich mich manchmal als »armer Schlucker« fühlte.
Und als nächstes schrie ich:
»Ich bin dir nichts schuldig!«
Es war ein echtes, tiefempfundenes Schreien, das ganz tief aus dem Bauch kam und die Stimmbänder nicht reizte. Ich konnte den nächsten Schritt tun:
»Ich bin gut genug!«
Hermann empfand es als Machtkampf. Damit hatte er sicher nicht unrecht. Nur hatte das längst nichts mehr mit ihm zu tun. Ich wehrte mich gegen eine Übermacht an Vorurteilen, von Verletztwerden, von Versklavtwerden und unmenschlichen Forderungen. Wenn ich leben wollte, mußte ich mich davon freikämpfen. Ich spürte viel Kraft in mir, viel Unabhängigkeit und ein ganz beglückendes Gefühl des Okayseins. Ich dachte:
»Ich *bin* Luise!«
Es war, als hätte ich einen neuen Namen bekommen im Kampf mit einem Mächtigen.
Während ich dies jetzt schreibe, frage ich mich, wie Hermann das verkraftet hat. Dabei ist mir ein Trost, daß wir in der Klinik lernten, daß beim Arbeiten aufsteigende Gefühle nichts mit dem jeweiligen Partner zu tun haben müssen. Außerdem hatte er jederzeit die Chance, selbst an den Gefühlen zu arbeiten, die bei ihm ausgelöst wurden.
Schön war, daß ich nach diesem Erlebnis angstfrei auf Hermann zugehen konnte. Wir mochten uns nach wie vor nicht besonders, aber er unterließ künftig sein unqualifiziertes Kritisieren.
Es ist schon merkwürdig, was mir so beim Schreiben in den Sinn kommt, welche Erinnerungen in mir aufsteigen und wie ich sie auswähle.
Mich hat jetzt ein Unbehagen überfallen. Ich erzählte Dir bis jetzt immer Erlebnisse, aus denen ich gelernt habe. Dabei war das doch absolut nicht immer so. Ich muß aufpassen, daß ich nicht die gelehrige Schülerin sein will, die alles begriffen hat, die Absolventin, die ein Einserzeugnis in der Hand hat. Ich darf nie vergessen, daß es in dieser Lebensschule keinen Abschluß

gibt und daß ich immer eine Lernende bleiben werde. Dabei ist tröstlich, zu wissen, daß auch Du noch immer ein Lernender bist.

1. November 1979

Lieber Johannes!

Der Abschluß meines letzten Briefes ist mir nachgegangen. Ich merke, daß ich die Härte der Therapie nicht vermitteln kann. Du weißt, daß ich sage, ich möchte diese Zeit nicht noch einmal durchstehen müssen. Aber es fällt mir schwer zu erklären, warum. Ob der Vergleich zutrifft, daß man eine lebensrettende Operation auch nicht nochmals auf sich nehmen möchte und daß man die Erinnerung an all die Schmerzen verdrängt, weil sie qualvoll sind? Aber über die Genesung und all das, was nach dem Klinikaufenthalt wieder möglich war, darüber zu reden macht Spaß.

Vielleicht ist solch eine Therapie wirklich mit einer Operation zu vergleichen, die tiefgreifende Veränderungen hervorruft. Vielleicht sollte ich mich nicht krampfhaft zwingen, einzelne Schnitte, die weh taten, nochmals nachzuvollziehen. Jeder weiß, daß große Operationen viel Zeit erfordern, daß Krisen auftreten können und daß viel Geduld nötig ist.

Vier Monate hat es bei mir gedauert. Du hast viel Geduld bewiesen, Geduld und manchmal auch Härte, die mir gar nicht gefiel.

Ich weiß nicht, was heute los ist mit mir. Ich finde nicht den rechten Kontakt zu Dir. Mir erscheint es plötzlich sinnlos, Dir all das zu erzählen und Deine ohnehin knappe Zeit mit meinen Gedankengängen zu stören.

Deshalb für heute nur: Tschüs!

4. November 1979

Lieber Johannes!

Daß Du mich angerufen hast, hat mir gut getan. Laß Dir von Herzen dafür danken. Ich bin eine ganze Weile gesessen und konnte gar nicht fassen, was Du mir gesagt hast: daß meine Briefe zu denen gehören, die eine Ermutigung für Dich sind. Ich wußte nicht, daß auch Du das brauchst. Auf mich hast Du immer so stark gewirkt, und ich hätte mir nie vorstellen können, daß ich Dir etwas zu geben vermag.

Da bin ich bereits wieder bei meinem Selbstwertgefühl. Ich höre Dich sagen: »Du empfindest dich immer noch als Zumutung, anstatt zu wissen, daß du ein Geschenk bist.«
Du bist der erste Mensch gewesen, bei dem ich bewußt wahrnahm: ich bin ein Geschenk. Daraufhin habe ich es in der Klinik ausprobiert. Die dabei gemachten Erfahrungen waren zwiespältig: Immer dann, wenn ich *wußte*, daß ich ein Geschenk bin, empfanden mich auch die anderen Gäste so. Dann erfuhr ich Zuwendung und Bereicherung. Aber an den Tagen, an denen ich Liebe besonders nötig gehabt hätte, weil ich mich nicht als liebenswert empfinden konnte, da blieb auch die Zuwendung aus. Da bezog ich Kritik und Prügel und Aggressionen. Und noch jetzt beim Niederschreiben empört mich diese scheinbare Ungerechtigkeit. Aber das paßt zu der Erkenntnis, daß ich für mein Ergehen selbst verantwortlich bin.
Von meinem Therapeuten bekam ich einmal die Auflage, täglich drei Leuten zu sagen: »Ich bin liebenswert.«
Frag nicht, wie ich da manchen Tag herumgestottert und gezittert habe. Wie ich mir die Leute aussuchte, von denen ich zu wissen meinte, daß sie mich mögen. Aber ich habe bald gemerkt, daß ich mich bei meiner Auswahl selber betrog. Um dies zu ändern, bin ich auf Menschen zugegangen, mit denen ich Schwierigkeiten hatte; von denen ich wußte, daß sie sich an meiner Behinderung störten und daß sie meine Aussage als Provokation empfinden mußten. Hin und wieder merkte ich ein Erstaunen und es nahm mich einer spontan in den Arm. Häufig aber mußte ich hören, daß man so jemanden wie mich nicht lieben könnte. Dann war ich sofort wieder total verunsichert. Innerlich stimmte ich den Leuten zu. Konnte ich mich doch selbst nicht lieben. Wie sollten es da die anderen können? Aber immer häufiger gab es Tage, an denen ich mich selbst akzeptieren konnte und nach und nach begriff ich, daß mein Wert nicht von dem Urteil eines anderen Menschen abhängig war. Was kümmerte mich der Schätzpreis eines Uneinsichtigen? Ich hatte meinen Wert von Gott erhalten. Da mußten mich die inflationären Währungen der Menschen nicht beeinflussen.
Nicht wahr, Johannes, das klingt jetzt sehr imponierend. Aber es wäre einfach nicht ehrlich, wollte ich nicht zugeben, daß ich nach wie vor meine Schwierigkeiten damit habe. Manchmal ist mein Ich verkrustet, mit Staub und Schmutz überzogen. Dann

vergesse ich, daß sein Wert dadurch nicht gemindert wird; daß Gold Gold bleibt, auch wenn man von seinem Glanz gar nichts mehr erkennen kann.
Zu früher gibt es allerdings doch einen Unterschied. Ich habe dies bei einem Gespräch in diesen Tagen gemerkt. Eine junge Frau rügte mich ziemlich aufgebracht: das sei ganz schön vermessen, einfach so zu behaupten, ich sei liebenswert. Ich habe sie angelacht und geantwortet: »Ich weiß, daß ich es bin. Wenn Sie es nicht wissen, ist das Ihre Sache.«
Das hätte ich früher nie sagen können.
Da fällt mir eine Vollversammlung ein. Ich hatte die Auflage, täglich von mir zu berichten. Eingehandelt hatte ich sie mir, weil ich immer sehr wenig von mir erzählte. Seit Wochen mußte ich mir irgend etwas einfallen lassen, was ich im Komitee für berichtenswert fand. Zunächst lief das ganz gut. Mir kam dabei mein Humor zu Hilfe, und es machte den Gästen Spaß zu hören, was ich erzählte. Aber als ich anfing, Dinge aufzugreifen, die mir zu schaffen machten, da schlugen die Gruppenmitglieder zurück. Ich hatte zum Beispiel gesagt, wie sehr es mir weh täte, daß es kaum einen Tag geben würde, an dem nicht irgendeiner meine Bitte ablehne, mir mein Essen mitzuholen. Was mußte ich mir da alles anhören: ich sei nur zu faul – ich könnte mehr, als ich wüßte – ich hätte zuviel Mitleid mit mir und was dergleichen Blödsinn war. Du kennst ja das ungeschriebene Gesetz in der Klinik, daß man auf Feedbacks, auch wenn sie einen noch so sehr wurmen, kein Wort erwidern darf. Die Aggressionen in der Gruppe gegen mich wuchsen, und ich hatte täglich mehr Angst vor dem von mir erwarteten Bericht. Ich überlegte stundenlang, wie ich ihn formulieren müßte, damit er keine Angriffsfläche bot. Aber meine Angst vor der Meute war so groß, daß das einfach schiefgehen mußte, da ich es nicht fertigbrachte, von dieser Angst zu sprechen. Noch immer empfand ich solch ein Eingeständnis als Schwäche. Dabei hattest Du einmal versucht, mir klar zu machen, daß Schwachsein heiße, Bedürfnisse zu haben.
Nach und nach wuchs hinter meiner Angst eine unbändige Wut. Für die nächste Vollversammlung hatte ich mir nicht mehr überlegt, was ich sagen wollte. Nur daß ich endlich von meinen Gefühlen reden würde, wußte ich. Und so begann ich: »Ich bin unheimlich wütend. Ich habe jetzt ein Vierteljahr versucht, so zu sein, wie ihr mich haben wollt. Inzwischen habe ich begriffen, daß ich 67 Vorstellungen entsprechen muß und daß ich

dann noch immer nicht so bin, wie ihr mich wünscht. Ich habe für mich beschlossen, daß ich okay bin, ob das euch nun paßt oder nicht. Im übrigen gebe ich meine Auflage ab.«
Keiner hat sich darauf noch zu Wort gemeldet. Ich merkte, ich war okay und ich begriff, daß ich es war, die den Gästen ihre Macht eingeräumt hatte. Sie konnten mir nichts tun, wenn ich es nicht zuließ.
Du weißt, daß ich mit Leseabenden aus meinem Buch »Herrgott, schaff die Treppen ab!« begonnen habe. Aber ich bin nicht sicher, ob Du weißt, daß ich das erst seit meiner Therapie kann. Ich hatte vorher große Schwierigkeiten, vor mehreren Leuten zu reden. In Ausschußsitzungen schwieg ich meist, weil ich nicht wagte, das Wort zu ergreifen. Mich beeindruckte die ausgezeichnete Ausdrucksfähigkeit anderer Menschen. Erst hinterher konnte ich mir manchmal bewußt machen, wie wenig sie mit all den vielen Worten ausgesagt hatten. Wollte ich sprechen, so hatte ich Herzklopfen, suchte krampfhaft nach den einfachsten Ausdrücken und hatte das Gefühl, die deutsche Sprache nicht mehr zu beherrschen. Insofern war das tägliche Berichtenmüssen vor der Gruppe eine ausgezeichnete Übung für mich. Daß ich dabei dann auch noch heftigster Kritik ausgesetzt war, empfand ich zwar als enorme Belastung, aber es mobilisierte in mir auch ungeahnte Kräfte.
Als ich bei meiner ersten Lesung vor über 120 Zuhörern saß, ergriff mich für einen Augenblick schier Panik. Ich hatte ja nicht nur zu lesen, sondern anschließend auch noch eine Diskussion durchzustehen. Würde ich das schaffen? Da fiel mir jene Vollversammlung ein und ich dachte zuversichtlich: »Was kann mir schon passieren?« Ich hatte alles in mir, was ich brauchte. Wichtig war nur, daß ich aufgeschlossen war und in meinen Gefühlen ehrlich blieb.
Sicher freust Du Dich mit mir, daß jener Abend ein beglückender Erfolg für mich wurde. Junge Menschen kamen hinterher zu mir und bedankten sich für die große Offenheit, mit der ich geantwortet habe. Eine Erzieherin sagte:
»Sie haben mir viel Angst vor meiner Arbeit genommen.«
Ich weiß, daß diese Gespräche mit Nichtbehinderten eine sehr wichtige Aufgabe sind. Sie tragen dazu bei, Vorurteile abzubauen. Mein Leben ist weiter und reicher geworden. Das verdanke ich der therapeutischen Gemeinschaft in der Klinik.

5. November 1979

Lieber Johannes!

Mir fällt eben ein, daß ich Dich noch in keinem Brief gefragt habe, wie es Dir geht. Dabei wüßte ich das gern und ich habe Sorge, Du könntest Dich mehr, als für Dich gut ist, verausgaben. In mir ist auch der Wunsch, Dich einmal wiederzusehen, und es könnte sein, daß ich in den kommenden Tagen eine Fahrtmöglichkeit haben werde. Vermutlich kannst Du Dir gar nicht vorstellen, wie sehr ich mich über ein Wiedersehen mit Dir und der Klinik freuen würde. Sobald ich weiß, ob die Reise sich ermöglichen läßt, rufe ich Dich an, um zu hören, ob Du auch Zeit für mich hast.

Der Gedanke, Dich wiederzusehen, erschwert mir heute das Schreiben. Ob Du das verstehen kannst? Ich male mir aus, wie unsere Begegnung sein wird, und in mir kommt wieder die alte Scheu hoch, die Du mir bei unserem ersten Gespräch auf den Kopf zugesagt hast. Ich gebe mich dann häufig überlegen und trete forscher auf, als es gut für eine Begegnung ist. Ich wünsche mir so sehr, ganz offen und herzlich sein zu können und mich nicht zu schämen, Dir meine Gefühle zu zeigen. Dabei denke ich jetzt, daß das sehr davon abhängen wird, wie Du mir begegnest. Und da ist schon wieder die dumme Angst, ich könnte Dich stören. Ganz kann ich eben doch nicht vergessen, daß Du ein vielbeschäftigter Arzt bist.

Meine Erfahrungen mit Ärzten sind leider nicht die besten. Ihr arrogantes Gehabe hat mir schon oft zu schaffen gemacht, und ich habe gewaltig umdenken müssen, als ich in Deine Klinik kam. Schon daß die Ärzte dort keinen weißen Arztkittel tragen, empfand ich als außergewöhnlich. Ich habe Tage gebraucht, bis ich herausgefunden hatte, wer alles Therapeut in der Klinik war. Mancher Gast hatte solch ein therapeutisches Gehabe, daß ich ihn unter die Ärzte einstufte. Niemals hätte ich die jeanstragenden jungen Männer für Mediziner gehalten. Ich muß sagen, ich empfand es als sehr wohltuend, daß Ihr Ärzte Euch äußerlich nicht mehr von uns unterschieden habt. Noch mehr aber hat mich erstaunt, daß man jederzeit einen Termin zu einem Gespräch bekommen konnte und daß auch ein Kassenpatient zu Dir, dem Chefarzt, vorgelassen wurde. Dabei amüsiert mich jetzt das Wort »vorgelassen«, denn so war es ja nicht. Man konnte sich im Arztsekretariat einen Termin holen, und wenn Du nicht gerade verreist warst, bekam man ihn auch. Als ich diese Möglichkeit zum ersten Mal in Anspruch nahm,

war es zwei Tage vor Deinem Urlaub. Deine Sekretärin wollte mir einen Termin nach Deiner Rückkehr geben. Ich aber sagte, ich bräuchte ihn jetzt und Du hättest immer wieder betont, wer wirklich ein Gespräch mit Dir bräuchte, bekäme es auch. Ich war über mich selbst erstaunt, daß ich zu meinem Bedürfnis stand und mich nicht, wie so häufig in meinem Leben, vertrösten ließ. Ich erklärte, daß ich nur zehn Minuten brauche, daß die aber wirklich nötig seien. Und ich bekam meinen Termin.
Du hattest an diesem Tag sehr viel zu tun. Ich mußte warten und ich verfluchte innerlich meinen Wunsch, Dich zu sprechen. Unzählige Gedanken gingen mir durch den Sinn, die alle darin gipfelten, daß es rücksichtslos sei, Dich zu stören. Je länger ich wartete, desto mehr Angst bekam ich vor meinem Mut. Ich hatte Herzklopfen, und mein Kopf war so leer, daß ich nicht mehr wußte, was ich mit Dir hatte besprechen wollen. Ich hatte mir jedes Wort zurechtgelegt, und als Du dann da warst, stand mir keines mehr zur Verfügung. Da tat ich das einzig Richtige: ich sprach von meinen Gefühlen, von meiner Angst vor Verletzung, von meinen belastenden Erfahrungen in der Gruppe, von der Angst mancher Gäste vor Behinderung und daß ich meinte, wenn sie sich nicht auf ihre Angst einlassen würden, hätte ich in der Klinik keine Chance.
Als ich nach zehn Minuten gehen wollte, hast Du mich gebeten zu bleiben. Du meintest, ich würde so selten etwas von mir herzeigen, daß, wenn ich einmal am Reden sei, Du dann zuhören möchtest. Es war, als würde Zeit für Dich keine Rolle spielen. Du gabst mir das Gefühl, es sei ein Geschenk für Dich, daß ich zu Dir gekommen war. Du hast nicht auf die Uhr gesehen, nicht einmal Deine Sanduhr lief. Als ich ging, war fast eine Stunde vergangen. Was mich am meisten beeindruckte war, wie konzentriert Du gegenwärtig warst. Nichts außer unserem Gespräch schien im Moment wichtig zu sein.
Dieses Leben im Jetzt, im Augenblick, in der jeweiligen Situation war neu für mich. Ich wußte allerdings auch, daß Du nach unserer Begegnung weitergehen würdest, daß Deine Gedanken sich sofort dem Nächsten zuwenden würden, genauso offen und konzentriert. Für Dich endete eine Begegnung mit dem Auseinandergehen.
Ich weiß nicht, ob ich das jetzt für Dich verständlich genug ausgedrückt habe. Vielleicht empfindest Du es ganz anders, vielleicht interpretiere ich etwas hinein, was gar nicht da war. All das, was ich Dir erzähle, spiegelt im Grunde genommen nur

mein subjektives Empfinden. Ich habe mir bei unseren Begegnungen oft gewünscht, zu erfahren, wie Du sie erlebtest. Aber darüber hast Du nie gesprochen oder zumindest nur ganz selten.

Einmal hast Du mich an der Schulter gefaßt und gesagt:

»Es ist schön, daß du da bist. Du bist so lebendig.«

Ein andermal hast Du mich wissen lassen, daß Du Dich über mich freust. Es war nach einem Vormittag, an dem ich hart gearbeitet hatte.

Du hast, was vielen Ärzten fehlt: Einfühlungsvermögen. Nun kann einer sagen, dies sei das wichtigste Handwerkszeug eines Psychotherapeuten. Aber ich finde, es ist trotzdem nicht selbstverständlich.

Nie habe ich Dir den Chefarzt angemerkt. Immer bist Du neben mir gestanden, nie über mir. Nie hast Du Deine Überlegenheit spüren lassen. Deine Wärme und Herzlichkeit haben mir ermöglicht, Türen aufzuschließen, die ich für immer verschlossen halten wollte. Ich meine, erst damit hast Du den Erfolg meiner Therapie ermöglicht, und ich denke, wenn Ärzte auf der emotionalen Ebene offener und aufmerksamer wären, sie hätten es leichter mit ihren Patienten. Manche Tablette wäre unnötig und manch widerspenstige Krankheit könnte geheilt werden. Ich habe immer wieder versucht, auf dieser Ebene den Ärzten zu begegnen. Aber das gelingt kaum einmal. Ob es wirklich immer nur Zeitmangel bei ihnen ist? Oder ob sie Angst davor haben, Fremdes, Bedrohliches an sich heranzulassen?

Du hast mir gegenüber ja auch einmal von der Angst gesprochen, die Du hast, wenn Du mir etwas sagen mußt. Aber Du hast Dich auf diese Angst eingelassen. Du hast auch Risiken nicht gescheut, wenn dadurch für mich nötige Erfahrungen ermöglicht wurden.

Weißt Du noch, wie ich Dich angeschrien habe, ich könnte Dich umbringen?

Du hattest mir Wochen zuvor schon gesagt, Du spürtest eine unheimliche Wut in mir, und ich hätte panische Angst, sie zuzulassen. Ich dachte, Du würdest mich sehr falsch einschätzen. Angst wäre wohl in mir und auch Schmerz. Aber Wut? Ich spürte sie nicht. Ich merkte auch nicht, wie verkrampft meine Gesichtszüge waren, und ich fühlte mich ungerecht behandelt, wenn Gäste mir vorwarfen, mein ständiges Lächeln rege sie auf. Ich sei emotional nicht ehrlich. Das traf mich sehr. Mir Unehrlichkeit nachzusagen, war so ziemlich das Schlimmste, was mir passieren konnte. War ich doch gerade auf meine Ehrlichkeit besonders stolz. Ich meinte, was ich sagte, und mir war noch nicht aufgegangen, mit wieviel Raffinesse ich mich selber betrog, um mich nicht mit meinen tatsächlichen Gefühlen auseinandersetzen zu müssen. Ich hatte noch nicht begriffen, daß Gefühle nichts Schlechtes waren; daß ich ein Recht auf meine Wut hatte und daß ich nur lernen mußte, verantwortlich damit umzugehen.

Ein tägliches Ärgernis war, daß ich mir mein Essen nicht selbst holen konnte, und daß es kaum einen Tag gab, an dem nicht irgendein Gast mir sagte, er hätte keine Lust, mir mein Tablett mitzubringen. Das tat mir weh, aber ich sagte krampfhaft lächelnd okay und fragte den Nächsten. Weitere Ablehnungsgründe waren, ich bettle zu sehr oder ich würde zu sehr fordern, ich müßte mehr bitten. Ich konnte es formulieren, wie ich wollte, irgend etwas war immer verkehrt.

Heute weiß ich, daß ich gerade in dieser Situation viel Haß und Wut verdrängt habe. Täglich neu habe ich mich bemüht, mir mein Verletztsein nicht anmerken zu lassen. Mir war das Verhalten des anderen peinlich, und ich wollte keine peinlichen Situationen.

Ich habe mir eben ausgemalt, wie ich heute reagieren würde. Ich bin ziemlich sicher, daß ich von der Klinik fordern würde, die gleiche Ausgangschance wie alle anderen Gäste zu haben. Ich würde dieses unwürdige Abhängigsein ablehnen und darum bitten, daß mir mein Essen vom Klinikpersonal serviert würde.

Du hast mir wiederholt gesagt, ich hätte ein Recht auf die Hilfe, die ich brauche. Die Wirklichkeit sah anders aus.

Eine zusätzliche Schwierigkeit war, daß es in der Klinik Gäste gab, die auf dem Helfertrip waren. Sie sagten, sie dürften nicht helfen, ihnen sei helfen verboten. Und die Ungefälligen taten es ohnehin nicht. Ich habe unzählige Stunden damit vertan, darüber nachzudenken, wo in solch einer Situation ein Mensch bleiben soll, der ganz existentiell von Hilfe abhängig ist. Ich habe Dich das immer einmal fragen wollen. Aber ich wagte es nicht, weil ich befürchtete, Du würdest mir mein Unvermögen vorhalten und mich einen Versager nennen. Heute weiß ich, daß ich nicht akzeptieren konnte, daß ich diese tägliche Bewährungsprobe nicht besser in den Griff bekam. Daß die Gäste mir helfen *mußten*, das war für mich unerträglich. Ich wollte jedem seine Freiheit lassen. Keiner sollte gezwungenermaßen eine

Hilfe leisten, die unerläßlich war. Das war das Harte daran, daß sie unerläßlich war und daß ich nicht darauf verzichten konnte, am Aufzug nicht und beim Essenholen nicht, und daß jeder sich darauf hinausreden konnte, es seien ja noch mehr Gäste da, die helfen könnten. Ich habe den Fehler gemacht, weitere Gäste anzusprechen, obwohl mir die Bitte schier im Hals steckenblieb. Jeden Tag mindestens zehnmal. (Am Aufzug, beim Essen.) Dazu die Angst: »Was muß ich mir heute wieder gefallen lassen?«

Einmal sagte mir ein Gast: »Du machst es einem auch unwahrscheinlich leicht, nein zu sagen.« Ich konnte ihm nur zustimmen, denn seine Freiheit war mir heilig. Ich hatte nicht begriffen, daß sie dort aufhörte, wo meine Hilflosigkeit begann. Ich ersparte den Leuten, daß sie sich mit ihrer eigenen Schäbigkeit auseinandersetzen mußten. Ich wollte nicht, daß sie meinetwegen Schuldgefühle bekämen.

Du hast das während meines Klinikaufenthaltes nie erfahren. Mit Dir darüber zu reden, war mir unmöglich. Du hattest mir einmal gesagt, als eine Frau beantragte, ich solle nach Hause fahren, wenn ich nicht so schnell wie die Nichtbehinderten sein könnte:

»Wenn die Gruppe es nicht begreift, wo du Hilfe brauchst, dann werde ich sie dazu zwingen.«

Ich wollte nicht, daß irgendeiner gezwungen wurde, mir zu helfen. Da war mein verdammter Stolz, gegen den ich nicht ankam. Ich glaube, heute würde ich so einen Ungefälligen auch einmal anschreien und ihn mit seiner Lieblosigkeit konfrontieren. Am Tag vor meiner Entlassung brachte ich das fertig. Der Betroffene sah mich ganz erstaunt an, und ich genoß es, ihn stehen zu lassen und einen anderen um Hilfe zu bitten.

Manchmal hat mir auch einer gesagt, ich sei nur zu faul, mir mein Essen zu holen. Ich habe mir eben vorgestellt, wie ich ein Tablett auf meinen Schoß stelle, um dann das Geschirr genüßlich auf den Boden segeln zu lassen. Allerdings bin ich nicht sicher, ob ich dazu in Wirklichkeit den Mut aufbringen würde.

Vielleicht solltest Du in Deiner Informationsstunde einmal das Thema des Helfens aufgreifen. Ich bin sicher, daß viele Leute, die auf dem Helfertrip sind, die Anweisung, nicht helfen zu dürfen, mißverstehen. Ich selbst bin damit ja auch nicht klargekommen. Ich habe sogar den Verdacht, daß auch Deine Therapeuten da zu wenig Bescheid wissen. Denn der Frau, die mit

mir im Zimmer wohnte, wurde verboten meine Wäsche in die Waschmaschine zu stecken, obwohl ich den Raum mit dem Rollstuhl nicht erreichen konnte. Und einer anderen Frau wurde untersagt, mir beim Baden behilflich zu sein. Allerdings fand Maria, daß Baden eine Vertrauenssache sei und daß man mir unmöglich zumuten könnte, jedesmal jemand anderen zu bitten. Erfreulicherweise lehnte sie den Befehl ihres Therapeuten ab.
Eigentlich wollte ich Dir heute schreiben, wie Du es geschafft hast, mich so wütend zu machen, daß ich außer Kontrolle geriet. Wie Du weißt, war es ein weiter Weg bis dorthin.
Die Gedankengänge über das Helfen haben mich doch mehr Zeit und Kraft gekostet, als ich im Moment zur Verfügung habe. Deshalb mußt Du auf die »wütende Luise« bis zum nächsten Mal warten.

6. November 1979

Lieber Johannes!
Ich habe nach wie vor Schwierigkeiten, mich meiner Wut zu stellen. Ich muß jetzt aufpassen, daß ich mein damaliges Verhalten – im nachhinein – nicht als ungehörig und bedauerlich empfinde. Ungehörig war es sicher, und ich weiß, daß es keiner Kritik standhalten würde. Doch darauf kommt es jetzt nicht an. Was zählt, ist einzig die Erfahrung, die ich im Umgang mit meiner Wut machte. Und die war überraschenderweise positiv.
Es war an einem Freitag. Ich weiß es noch genau. Du hieltest Deine Informationsstunde, und in mir kroch eine unerklärliche Angst hoch, Angst vor einem bedrohlichen Gefühl der Wut, das mich überschwemmte. Sie hatte keinen konkreten Anlaß, aber in mir brodelte und kochte es wie in einem unter Überdruck stehenden Dampfkessel, der jeden Augenblick explodieren konnte. Das erschreckte mich.
Meine Bitte um ein Gespräch war deshalb ein verzweifelter Hilferuf. Dabei hätte ich wissen müssen, daß bei dem Eingeständnis meiner Wut bei Dir alle Alarmglocken klingeln würden. Du sagtest, Du hättest heute keine Zeit. Ich solle mir im Arztsekretariat einen Termin holen. Dort muß ich so verstört gewirkt haben, daß ich noch für den gleichen Nachmittag, ehe Du zu einer Besprechung die Klinik verlassen mußtest, einen Termin bekam.
Pünktlich um 15 Uhr war ich vor Deinem Zimmer. Die Türe

war abgeschlossen. Auf mein Klopfen rührte sich niemand. Es hieß, Du seiest weggegangen. Eine Nachfrage an der Rezeption ergab, Du würdest in Deinem Zimmer sein. Ein Anruf des Telefonboys bestätigte dies. Er sagte, Du hättest keine Zeit. Ich wollte selbst mit Dir am Telefon reden, aber der junge Mann ließ mich nicht an den Apparat. So mußte ich mir erst jemanden organisieren, der mir am Aufzug half, damit ich Dich von meinem Zimmer aus anrufen konnte. Daß ich diesen Anruf wagte, mag Dir zeigen, wie aufgebracht ich war. Ich staune noch heute, daß ich es fertigbrachte, Dein Nein nicht einfach zu akzeptieren.

Deine Stimme klang kühl und abweisend. Sie hatte den Ton, den ich an Dir nicht mag und den ich fürchtete. Nach einigem unliebsamen Hin und Her fordertest Du mich auf, zum diensthabenden Arzt zu gehen.

»Okay«, sagte ich. Gleichzeitig wurde mir bewußt, wie oft ich das sagte, auch wenn etwas gar nicht okay war. Ich holte tief Luft und stellte fest:

»Nichts ist okay. Es ist eine ganz große Scheiße!«

Ich knallte den Hörer hin. Dicke Wuttränen rollten über mein Gesicht. Als dann auch noch der Telefonboy motzte, weil er mir jemanden zum Aufzug schicken sollte, damit ich wieder in meine Gruppe konnte, war es um meine Selbstbeherrschung geschehen. Ich nahm ein Buch und schleuderte es voller Wut durchs Zimmer. Meinen Schrecken kannst Du Dir gar nicht vorstellen: ich hatte die Kontrolle verloren. Daß ich ein Buch durch die Gegend warf, war ungeheuerlich. Denn mit kaum etwas gehe ich sorgfältiger um als mit Büchern. Zum Glück hatte keiner meinen Ausbruch miterlebt. Ich trocknete meine Tränen, wusch mein Gesicht und verlangte nochmals, äußerlich ganz ruhig, mir jemanden zu schicken, der mir am Aufzug behilflich sein würde.

»Da bin ich wieder!«, sagte ich und setzte mich unter die anderen Gäste meiner Gruppe, bemüht ein zufriedenes Gesicht zu zeigen. Werner sah mich erwartungsvoll an. Er hoffte zu erfahren, wie das Gespräch mit Dir verlaufen sei. Aber ich sah so unbeteiligt in die Runde, daß er es unterließ, zu fragen.

Nach der Gruppenstunde ging ich zum diensthabenden Arzt. Der wollte mich mit dem Hinweis abwimmeln, er hätte keine Zeit. Aber ich wies ihn darauf hin, daß Du mich schicktest. Er reagierte sauer. Nach einigem Hin und Her vereinbarte er dann eine Zeit ziemlich spät nach dem Abendessen. Ich empfand die

ganzen Umstände nicht sehr günstig für ein Gespräch. Ich beschloß, nicht über meine Wut zu reden. Wer konnte die schon verstehen? Ich verstand sie ja selbst nicht. So kam es mir sehr entgegen, daß der Therapeut, offensichtlich übermüdet, von seiner Überforderung sprach. Ich zeigte Teilnahme – die war sogar echt – und fühlte mich auf sicherem Boden. Denn das beherrschte ich ja: für andere Menschen dazusein. Diese Rolle saß maßgeschneidert, und es ergab sich ein gutes Gespräch. Es fiel mir nicht schwer, zuzuhören und irgendwann sagte der Therapeut:
»Hast du gemerkt, daß ich mir viel genommen habe?«
Mich freute das ungemein. Ich hatte wieder einmal bewiesen, daß ich viel geben konnte. Meine Schwierigkeit, mir selbst auch etwas zu nehmen, verdrängte ich an diesem Abend.
Der nächste Tag war Samstag, der 6. Januar. Ich weiß es deshalb so genau, weil es ein Feiertag war. Du hattest die Regelung getroffen, daß auch an Feiertagen Gruppenarbeit stattfand, und nur, wer zum Gottesdienst ging, war davon befreit. Ich hatte die Sondererlaubnis, im Radio einen Gottesdienst hören zu dürfen.
Ich hatte mir vorgenommen, an der Großgruppe nicht teilzunehmen, dafür dann aber Deine Einstellungsgruppe zu besuchen. Dies bedeutete, daß ich Dich fragen mußte, wann Du mit Deiner Gruppe beginnst. Zwar wäre ich Dir am liebsten ausgewichen, denn mir war der hingeknallte Telefonhörer peinlich. Aber ich nahm all meinen Mut zusammen und ging auf Dich zu. Du wirktest abweisend und Deine Antwort war nichtssagend und ungenau. Schon einmal waren wir wegen einer ungenauen Formulierung aneinandergeraten. Ich meinte, Du müßtest wissen, daß ich unklare Antworten nicht mag. Zumal Du uns immer wieder ermahntest:
»Mach klare Sachen!«
Obwohl ich Dir erklärte, weshalb ich den Anfangszeitpunkt der Einstellungsgruppe wissen müßte, warst Du nicht zu einer Zeitangabe zu bewegen. Maulend rollte ich weg, fuhr wütend auf mein Zimmer und dachte, ich würde mich heute in keiner Gruppe mehr sehen lassen. Dann aber machte ich mir bewußt, daß dies in meiner augenblicklichen Verfassung ein Blödsinn sei. Ich spürte, ich war auf dem Rückzug. Ich erlaubte mir diese Flucht nicht, zumal mir klar wurde, daß ich unmöglich konzentriert einem Gottesdienst hätte folgen können.
Obwohl ich an sich nicht unpünktlich sein kann – die Groß-

gruppe hatte gerade begonnen –, obwohl ich noch nicht umgezogen war und auch noch niemanden für den Aufzug hatte, entschloß ich mich, an der Gruppenstunde teilzunehmen. Ich dachte voll Zorn, besser zu spät kommen als sich nicht stellen. Du warst noch nicht da, und ich überlegte, was ich jetzt bräuchte. Ich fand, mit Dir zusammen an meiner Wut zu arbeiten und zwar auf der Matte, das könnte mir helfen. Aber mir war auch klar, meine Frage würde Dein Nein provozieren. Andererseits würde ich Deine Antwort nie wissen, wenn ich Dich nicht fragte.

Dort, wo ich mit meinem Rollstuhl stand, mußtest Du vorbei. Meist begrüßtest Du mich. Dieses Mal gingst Du vorüber, als wäre ich Luft. Auf meine Frage, ob Du mit mir arbeiten würdest, sagtest Du im Weitergehen:

»Das weiß ich jetzt noch nicht.«

Nach Deinem Einführungsvortrag schlugst Du eine Partnerwahl vor, wie sie so während meiner ganzen Klinikzeit noch nie gehandhabt wurde. Konnte man sich sonst ein Gruppenmitglied nach Lust und Neigung wählen, dieses Mal ordnetest Du blinde Partnerwahl an. Das bedeutete, daß ich mir niemanden aussuchen konnte, weil ich nicht über die Matten rollen konnte, und zum anderen, daß Du nicht gewählt wurdest, weil Du aufpaßtest, daß keiner mogelt. Einen Deiner Therapeuten hattest Du gebeten, die Einstellungsgruppe zu übernehmen. Das hieß konkret für mich, daß Du frei warst. Ich sah gespannt, wie Du langsam näherkamst, da ein Bein zurechtlegtest und dort einen Arm. Provozierend langsam, wie ich meinte. Auch hatte ich das Gefühl, daß Du mich aus den Augenwinkeln heraus beobachtetest. Die Ungewißheit, ob Du mit mir arbeiten würdest, machte mich hilflos und wütend zugleich. Als Du fast bei mir warst, sagte ich, äußerlich noch immer ruhig:

»Johannes, ich will jetzt eine klare Antwort.«

»Wieso?«

»Das war doch weder ein Ja noch ein Nein.«

»So, meinst Du?«

»Es ist wichtig für mich.«

»Es geht jetzt nicht.«

Du setztest Dich provozierend langsam mir gegenüber. Ich sah rot. Ich war kurz davor, meine Selbstbeherrschung zu verlieren. Aber ich wollte Dir diesen Triumph nicht gönnen. So begann ich, mit Dir zu verhandeln.

»Ich will jetzt nicht diskutieren«, lehntest Du kühl ab.

»Okay, das ist Dein gutes Recht. Aber mein Recht ist, Dir zu sagen, daß ich Dein Verhalten in keiner Weise in Ordnung finde.«
»Ja, das Recht hast du.«
Ich konnte Dich nicht aufscheuchen aus Deiner Reserve. Dabei brachte mich Deine scheinbare Gelassenheit an die Grenze meiner Selbstbeherrschung. Ich sah Dich nur an, Haß und Wut im Blick. Ich spürte förmlich, wie meine Augen blitzten.
»Geh in die Einstellungsgruppe.«
Das durfte nicht wahr sein, daß Du mich abschobst, so als wüßtest Du nicht, was mit mir los war.
Das Dumme war, daß, ehe ich wegrollen konnte, noch eine Stufe zu überwinden war. Ich mußte Dich also um Hilfe bitten. Meine Stimme klang messerscharf. Du nahmst wortlos meinen Rollstuhl und wolltest mich zu dem anderen Raum bringen.
»Danke, jetzt kann ich allein!«
Ich sagte es eisig. Ich wollte nichts mehr mit Dir zu tun haben und schon gar nicht auf Dich angewiesen sein. Du ließest mich sofort los.
Als ich fünf Minuten in der Einstellungsgruppe saß, kamst Du, setztest Dich mir gegenüber und sahst mich unverwandt an. Es war nicht üblich, daß in der Einstellungsgruppe zwei Therapeuten arbeiteten. Ich mußte also annehmen, daß Du meinetwegen gekommen warst.
»Dieser Hund!« dachte ich.
Als mir unser stummes Augenduell unheimlich wurde, schrie ich Dich an:
»Ich könnte Dich umbringen!«
»Sag das noch mal!«, befahl der andere Therapeut.
Ich wiederholte es. Das handelte mir die Aufforderung ein, mit dem Satz zu arbeiten:
»Ich habe Wut!«
Ich begann damit, es jedem einzelnen in der Gruppe zu sagen. Aber als ich beim dritten oder vierten war, spürte ich, daß es nicht echt klang.
»Es kotzt mich an!« schrie ich.
Ich wurde lauter und lauter. Ich hätte nie gedacht, daß ich so schreien kann. Es würgte mich im Hals. Ich hatte das Gefühl, zu ersticken. Ich möchte aufhören. Aber Du und Roland erlaubten es nicht. Ihr provoziert und treibt mich damit in immer größere Wut. Du behauptest, ich würde immer dann aufgeben, wenn es darauf ankäme.

Das wagst Du mir zu sagen, mir, die dann erst richtig anfängt, wenn es schwierig wird! Wer bist Du, denke ich, der mir so etwas vorwerfen darf? Mir, die sich immer überfordert!
Wieder blitzen sich unsere Augen an. Du verziehst keine Miene, Dein Blick ist nach wie vor kühl, abschätzend, beobachtend. Als Du sagst, Du spürtest Haß, meine ich, Deine Augen wären noch eine Spur aufmerksamer geworden. Ich möchte schreien:
»Halt endlich dein verdammtes Maul!«
Aber ich bleibe bei dem Satz:
»Es kotzt mich an!«
Ich heule Rotz und Wasser vor Wut, die Haare hängen mir ins Gesicht. Ich will sie zurückstreichen. Aber ich lasse es. Was kümmert mich jetzt mein Aussehen. Ein Hustenanfall würgt mich. Das Gefühl zu ersticken nimmt zu. Es ist wie Sterben, und alles in mir schreit:
»Mensch, fang mich doch auf. Ich brauche dich. Ich schaff's allein nicht mehr.«
In all den Wochen habe ich immer wieder erlebt, wie Du da warst, wenn ein Mensch in diese Krise geriet. Da bedurfte es keiner Worte mehr, keiner Bitte. Du gabst Hilfestellung und ermöglichtest damit, sich weiterzuwagen. Dort, wo ein Mensch am Ende war, fingst Du ihn auf. Da standest Du auf und nahmst ihn in Deine Arme, um ihm zu zeigen, daß er nicht allein war.
Merktest Du denn nicht, daß ich nicht mehr konnte? Warum kamst Du nicht? Warum ließest Du mich in dieser Hölle allein? All das jagte mir durch den Kopf. Da hörte ich Dich knallhart feststellen:
»Du kannst immer noch allein!«
Du mußtest wahnsinnig geworden sein, in dieser Situation mich so zu provozieren. Es mobilisierte meine letzten Kräfte und ich dachte voll Trotz: »Ja, Gott sei Dank!«
Mein Keuchen läßt nach. Zwar jagt mein Atem noch, aber ich spüre, wie ich wieder auftauche und wahrnehme, was rings um mich vor sich geht. Du fragst:
»Und was brauchst du jetzt?«
Ich möchte mich wortlos in Deine Arme werfen, möchte bitten: »Halt mich fest!« Ich stehe mit dem Rollstuhl eingekeilt und kann nicht auf Dich zurollen. Ich müßte Dich bitten, zu mir zu kommen. Aber das geht über meine Kraft. Mein Stolz läßt noch immer nicht zu, mit Worten einzugestehen, daß ich einen anderen Menschen brauche. Ich schaue in die Runde und merke,

daß viele meinen Blicken ausweichen. So sage ich, daß mich das ärgere. Damit handle ich mir von Roland den Satz ein:
»Ich will, daß du mich anschaust.«
In mir drängt schon wieder Wut hoch. Bei den ersten paar Leuten war es noch eine Bitte, aber es wird immer mehr zur Forderung. Als Johanna wegschaut, brülle ich sie an:
»Schau mich an!«
Ich bin betroffen über meine Reaktion, denn Johanna hat es am wenigsten verdient. Ich merke, daß all das, was in mir vor sich geht, nichts mehr mit der Gruppe zu tun hat. Ich hatte viele Jahre meine Wut verdrängt, jetzt war der Damm gebrochen.
Du erspartest mir nichts. Du fordertest die Gruppe auf, zu sagen, was sie mit mir erlebt habe. Einer tönte, ich hätte ihn nicht angeschaut. Dabei habe ich bei ihm zweimal hingesehen, weil er wegblickte. Ein anderer sagte, er hätte einmal beim Essen beobachtet, wie ich auf einem Platz bestand. Seitdem wolle er mit mir nichts mehr zu tun haben. Er hatte mir immer meine Daseinsberechtigung abgesprochen. Ich fand hinterhältig, daß er einen viele Wochen zurückliegenden Moment jetzt ausspielte. Eine Frau beanstandete, ich würde nie zuhören. Was soll der Quatsch? Wenn ich etwas kann, dann ist es jemanden anschauen und hinhören.
Du hast mich einmal in einer Vollversammlung angeschrien:
»Schau mich nicht so an!«
Darauf bin ich heute noch stolz, denn ich hatte Dich bis dahin bei den anderen Gästen immer nur mahnen hören:
»Schau mich an!«
Ich konnte hinschauen, und zuhören konnte ich auch. In mir kommt erneut Wut hoch. Du fragst, ob ich weiß, daß ich viel Macht habe. Aber in der Aufregung höre ich wirklich falsch. Ich höre: ich übe Macht aus. Du stellst weiter fest:
»Du bittest nicht mehr. Du forderst.«
Ich maule zurück: »Wenn ich bitte, heißt es, ich bettle. Sage ich bestimmter, was ich brauche, dann heißt es, ich übe Macht aus.«
Ich bin sehr einsam in diesem Moment und registriere, daß ich eben doch Prügel beziehe, wenn ich unkontrolliert reagiere. Völlig unfaßbar ist mir, daß Du das der Gruppe ermöglichtest.
Am Nachmittag hältst Du eine Bibelstunde. Du sagst nach einer Weile:
»Manchmal braucht einer eine Wand, an der er aufläuft.«

Für mich bist Du diese Wand gewesen, und ich bin Dir dankbar dafür.
Vielleicht hast Du beim Lesen gespürt, wie intensiv ich diesen Wutausbruch jetzt noch nachempfinde. Einmal erzählte ich in der Vergangenheit, dann war ich plötzlich sprachlich wieder in der Gegenwart, weil sie mich einfach überwältigte. Ich hoffe, es stört Dein Sprachempfinden nicht zu sehr, denn ich will das jetzt im nachhinein nicht korrigieren.
Einen Moment muß ich noch bei damals bleiben. Für mich war zunächst unfaßbar, daß Du mich so aufgewühlt, so total verwirrt ins Wochenende entlassen konntest. Als sich nach Stunden meine Gefühle wieder normalisierten, spürte ich viel Kraft in mir. Meine Wut hatte mich nicht umgebracht, mich nicht und auch keinen anderen. Ich konnte ihr Einhalt gebieten, dort wo sie zerstörerisch wurde. Ich hatte die Angst auf mich genommen, ganz allein zu sein, wenn ich meinen Zorn zeige. Ich hatte Ablehnung erfahren und erlebt, daß mich das nicht umwarf. Ich konnte wieder durchatmen. Meine Stimme klang viel voller, so als würde sie ganz tief und locker aus dem Bauch kommen. Ich hatte jetzt eine Stimme, die man hörte. Ich spürte mich ganz intensiv, und ich mochte mich, so wie ich war. Das habe ich damals empfunden.
Heute weiß ich, daß ich mich damals nicht nur mit meiner Wut auseinandersetzte, sondern daß auch ganz deutlich wurde, daß ich kaum über die Lippen bringe, zu jemandem zu sagen:
»Ich brauche dich!«
Am liebsten würde ich niemanden brauchen und ganz unabhängig sein.
Johannes, dieser Brief hat mich erschöpft. Ich habe gemerkt, welch elementares Erlebnis diese Gruppenstunde war. Laß Dir danken, daß Du es Dir nicht leicht gemacht hast. Daß Du mich so ernst genommen hast, macht mich glücklich, denn es wäre einfacher für Dich gewesen, mir einiges zu ersparen.

9. November 1979

Johannes,
kannst Du mir sagen, warum mir unsere heutige Begegnung so weh tut?
Das ist ein Hilferuf.
Ich brauche Deine Antwort.

10. November 1979

Lieber Johannes!

Ich bin noch ganz erfüllt davon, daß wir uns so überraschend wiedersehen konnten. Es war schön, Dir wieder einmal zu begegnen, mit Dir zu reden und Deine Wärme spüren zu dürfen. Um so mehr überrascht mich, daß ich heute traurig bin. Die Tränen laufen mir übers Gesicht, und ich weiß nicht recht, was mir nun so weh tut. Ich weiß nur, daß es mit Dir zu tun hat und daß es für mich wichtig ist, Dir das auch zu sagen.

Komm, setz Dich jetzt ein Weilchen zu mir, so wie wir gestern gesessen sind, und hör mir zu. Dabei merke ich jetzt, daß ich mit Deinem Zuhören nicht klarkomme. Mir hat gestern Dein Echo gefehlt. Ich hätte so gern vernommen, daß Dir meine Briefe etwas bedeuten. Ich wünschte mir, daß Du ein wenig von Dir erzählen würdest. Ich bat Dich darum und sagte Dir, daß Du ja nun so viel von mir wüßtest und daß mir einfach auch wichtig sei, zu erfahren, wie es Dir geht. Du erwidertest mit Lachen, das sei Erpressung, von Dir nun ein Geständnis zu erwarten. Ich ging auf den scherzhaften Ton ein:

»Was hast du zu gestehen, Bube?«

Wir lachten, und Du stelltest fest:

»Ich lebe!«

Mir war das nicht genug und ich bat:

»Laß mich an Deinem Leben ein wenig teilnehmen.«

Du sagtest ein paar sehr allgemeine Sätze, und irgendwie fühlte ich mich abgeschoben. Du verstandest es geschickt, mich wieder dahin zu bringen, von mir zu sprechen. Offensichtlich tat es Dir gut, daß ich so viel Positives von meiner Therapie berichtete. Ich fühlte viel Dankbarkeit und sprach sie auch aus. Ich spürte Deine Freude, aber sie erreichte mich nicht. Dabei war ich so offen wie selten einmal, aber gerade deshalb auch besonders verletzlich. Ich weiß nun nicht, ob es mein altes Problem war, daß ich wieder nicht aussprechen konnte, was ich wirklich brauchte, und daß ich wieder einmal bereit war, eine Menge zu geben, um ein bißchen Liebe zu erfahren. Oder ob es einfach das war, daß so viele Dinge stimmen müssen, damit eine echte Begegnung gelingen kann. Vielleicht habe ich sie mit zu großen Erwartungen befrachtet. Vielleicht meinte ich, wenn ich schon solch eine weite und für mich sehr anstrengende Fahrt auf mich nehmen würde, dann müßte die Begegnung ein besonderer Höhepunkt sein.

Ich habe mir mit Erwartungen schon vieles im Leben kaputtgemacht.

Ich war noch gar nicht sehr lange bei Dir, da hast Du auf die Uhr gesehen – zum ersten Mal seit wir uns kennen. Vom Kopf her habe ich dafür vollstes Verständnis. Du hattest an diesem Tag viele Menschen, die Dich sprechen wollten, und ich sagte mir auch, daß Begegnung keine Frage der Zeit, sondern der Intensität sei. Aber plötzlich hatte ich das Gefühl, die knappe Zeit nicht richtig genutzt zu haben.
Da ich noch zur Vollversammlung blieb, haben wir uns nicht verabschiedet. Ich hoffte, ich könnte Dir danach noch auf Wiedersehen sagen. Aber Du warst inzwischen weggegangen. In mir war solch ein Hunger nach einem guten Wort von Dir ...
Ich machte wieder den alten Fehler, zu meinen, nur in einem einzigen Gasthaus essen zu können, ohne wahrzunehmen, daß viele Gasthäuser geöffnet hatten. Anstatt in der Vollversammlung einzugestehen: »Ich bin hungrig, deshalb bin ich hierhergekommen«, meinte ich, ich müßte mich mit etwas Imponierendem vorstellen. Es klingt ja auch beeindruckend, wenn da einer kundtut:
»Ich habe hier gelernt, mir das Leben zu nehmen.«
Der Applaus bewies, wie gut das ankam, und meine Freundin, die mich begleitete, hat mich wissen lassen, Du hättest gestrahlt. Das stimmte ja auch alles, was ich sagte. Nur war es nicht das, was ich im Moment gebraucht hätte.
Ich habe eben überlegt, ob all der Schmerz, der heute in mir ist, damit zusammenhängen könnte, daß ich schon wieder halb erfroren bin und daß es sehr schmerzhaft ist, mit erfrorenen Gliedern in die Wärme zu kommen. Dabei ist es die einzige Möglichkeit wieder lebendig zu werden.
Ich spürte Deine Wärme ...
Ich habe Schwierigkeiten, Dir all das zu erzählen. Ich fühle keine Berechtigung zu diesem Schmerz. Ich komme mir undankbar vor. War ich doch eine von den ganz wenigen Leuten, die einen Termin bei Dir bekamen. Du standest als Arzt und Mensch zur Verfügung. Du lachtest mich an und freutest Dich über das Wiedersehen. Kann ich Dich dafür verantwortlich machen, wenn ich unfähig war, mir das zu nehmen, was ich brauchte? Ich habe doch gelernt, für mein Sattwerden selbst verantwortlich zu sein. Ich glaube nicht, daß ich wie ein kleines Kind gefüttert werden wollte. Vermutlich habe ich auf Deine Einladung zu einem gemeinsamen Festessen gewartet und dabei übersehen, daß der Tisch gedeckt war. Du – manchmal brauche ich einfach das Gefühl, ein gern gesehener Gast zu

sein. Dabei weiß ich, daß Du mir das nicht vermitteln kannst, wenn ich mir selbst die Berechtigung dazu abspreche.
Das taucht bei mir immer wieder als Problem auf: dieses Michberechtigt-Fühlen.
Ich spürte, daß Du in Zeitnot warst, und schon wagte ich nicht mehr, Dich in Anspruch zu nehmen, obwohl Du ganz gegenwärtig warst. Das ist ausgesprochen dumm.
So, nun ziehe ich hier einen Schlußstrich. Das war gestern, und ich kann es nicht mehr ändern. Ich will mir selbst verzeihen, daß meine Emotionen nicht so funktionieren wie sie sollten, und ich will mich jetzt erinnern, was ich gestern alles in der Klinik erlebte.
Ich spüre, Du sitzt noch neben mir, und es ist wichtig für mich, daß Du trotz dieses Wirrwarrs an Gefühlen nicht die Geduld mit mir verloren hast.
Ich war aufgeregt, als ich die Klinik betrat. Wer von den Leuten, die ich noch kannte, würde mir zuerst über den Weg laufen? Wie würde die Begrüßung sein?
Ich ging zur Rezeption. Der junge Mann lachte übers ganze Gesicht. Er freute sich offensichtlich, mich wiederzusehen. Ich konnte mich nicht an ihn erinnern. Aber er erzählte, daß er während meiner Klinikzeit einmal zwei Tage dagewesen sei und er erinnere sich sehr wohl an mich. Er stand auf, ging aus seinem Kabäuschen und nahm mich herzlich und ganz selbstverständlich in die Arme:
»Liebe Gäste soll man gleich begrüßen«, sagte er warmherzig. Diese emotionale Offenheit tat mir gut. Es war ein ermutigender Auftakt. Als ich in dem Warteraum vor Deinem Zimmer saß, kamen nacheinander einige Therapeuten vorbei. Mit dem einen oder anderen hatte ich meine Schwierigkeiten während meiner Therapiezeit. Beglückend für mich war, zu merken, daß nichts zurückgeblieben war an Ärger und Wut oder Verletztsein. Ich konnte ihnen offen und herzlich begegnen. Die Freude am Wiedersehen schien gegenseitig.
Ich sprach auch den einen oder anderen Gast an, und ich merkte, wie begierig Menschen waren, die ihre Therapie gerade begonnen hatten, von mir zu hören, was mir meine Klinikzeit gebracht hatte. Überraschend für mich war, daß es mir gar nicht schwerfiel, von mir zu erzählen, und daß ich dachte, ich möchte weitergeben, welch tolle Chance solch eine Therapie ist. Aber nicht nur ich sprach Menschen an, ich wurde angesprochen, und es ergaben sich ganz spontane Kontakte. Leid tat

mir, daß die Zeit so begrenzt war. Ich hätte so gerne länger mit den Leuten geredet, hätte zugehört, was sie bewegt, und ich wünschte mir, einmal ein paar Tage in der Klinik zu Besuch sein zu können. Aber im Ort sind die Hotelunterbringungsmöglichkeiten für eine Rollstuhlfahrerin nicht diskutabel. Das ist schmerzlich für mich.

Willst Du noch wissen, wie ich die Vollversammlung empfand?

Ich war überrascht, wieviele auswärtige Besucher anwesend waren. Menschen, die sich einmal über die Klinik informieren wollten. Ich finde gut, daß das Haus nach draußen so offen ist, und ich meine, der Andrang müßte Dich freuen bei all den Schwierigkeiten, die für Dich doch immer wieder auftreten, weil so vieles im Zusammenhang mit der Klinik mißverstanden wird.

Ich habe mich nicht, wie ich das so häufig tue, in eine Ecke gestellt, sondern mich mitten unter die Gruppe gesetzt und fühlte mich wohl dabei. Es ist immer wieder bewegend für mich, wie Gäste von ihren Schwierigkeiten und Störungen berichten. Auffallend für mich war, daß es an diesem Tag kaum Feedbacks gab und daß deshalb die Atmosphäre nicht gestört war durch die oft harten Rückmeldungen. Zu meiner Zeit habe ich die Komiteesitzungen oftmals wie einen Volksgerichtshof empfunden, an dem man verurteilt wurde, ohne sich rechtfertigen zu dürfen. Im nachhinein finde ich gut, daß wir auf die Stellungnahme der Gäste zu unseren Aussagen kein Wort erwidern durften. Das war zwar unendlich hart, aber ich habe gemerkt, daß ich dadurch viel gelernt habe. Damit wurde vermieden, das Problem hinwegzureden. Indem es stehenblieb, mußte man sich damit auseinandersetzen. Allerdings war wichtig, unterscheiden zu lernen, wo der eigene Anteil lag und wo der des anderen. Ich habe lange gebraucht, bis ich das auseinanderhalten konnte. Zunächst einmal suchte ich alle Schuld bei mir.

Ich freute mich, daß der Tenor dieser Vollversammlung auf dem Wunsch zu ermutigen lag. Der Hinweis, Feedbacks seien nicht dazu da, dem, den man nicht mag, etwas Böses anzutun, zeigte mir allerdings auch, daß diese Gefahr offensichtlich immer wieder einmal in der Gruppe besteht. Wichtig ist, daß Gäste dann den Mut aufbringen, sich gegen solch lieblose Tendenzen zu wehren. Zu meiner Zeit hatten sich einige Gäste sehr zu Richtern entwickelt, die das Therapiechinesisch so perfekt beherrschten, daß Angst und Schrecken vor den Komiteesitzun-

gen sich breit machten. Mir ist noch gut in Erinnerung, wie eindringlich Du mehrmals dagegen Stellung genommen hast und wie erst danach der Geist des Hauses, der in Wärme und Annahme bestehen sollte, wieder spürbar wurde.
Nach der Vollversammlung bin ich mit den Damen, die mich begleitet hatten, noch im naheliegenden Café gesessen. Beeindruckt waren alle drei von der emotionalen Offenheit der Gäste. Aber im übrigen gab es harte Diskussionen über manch beobachtete Verhaltensweisen. Zwar hatte ich alle auf die Tatsache vorbereitet, daß sie in der Klinik auf sich umarmende Paare treffen würden, aber offensichtlich gab es doch manche Schwierigkeiten, diese Situation zu akzeptieren. Auch daß alle Du zueinander sagten, erregte Befremden. Daß jeder der Besucher sich vorstellen mußte, wurde als unerträglicher Zwang empfunden. Manch einer könne das nicht. Darauf zu bestehen, zeige mangelndes Einfühlungsvermögen. Mein Hinweis, daß es doch auch sonst üblich sei, daß ein fremder Gast bei seinem Besuch sich vorstelle, hatte wenig Zugkraft.
Am meisten entzündete sich allerdings die Diskussion an der mangelnden Hilfsbereitschaft. Es war darum gegangen, daß sich Freiwillige melden sollten, um rund um die Uhr eine Sitzwache für einen Alkoholiker im Entzug zu ermöglichen. Die Bereitschaft dazu war gering. Daß bei mir Erinnerungen an eigene Erfahrungen hochkamen, ist sicher nicht verwunderlich. Mir wurde bewußt, daß in der Klinik einiges, was das Helfen anbetrifft – dort wo existentielle Hilfe nötig ist – noch immer im Argen liegt. Ich wollte Dich längst bitten, dieses Problem in einer Deiner Informationsstunden aufzunehmen. Die Stellungnahme meiner Freunde ermutigt mich, Dich um klärende Hinweise in der Gruppe zu bitten.
Wie schizophren die Situation zu meiner Zeit war, mag Dir folgendes Erlebnis zeigen. In einer emotionalen Gruppe schrie mich ein junger Mann an: »Dich würde ich am liebsten mitsamt deinem Rollstuhl auf die Müllhalde kippen. Schau, daß du verschwindest. Du hast hier nichts zu suchen.«
Ich fühlte mich an dem Tag gut und entgegnete gelassen:
»*Ich* bin okay.«
Damit erregte ich die Gruppe sehr und forderte ihren Unwillen heraus. Hinterher sagte mir ein Mann, er hätte den Raum verlassen müssen, um meinen Angreifer nicht zusammenzuschlagen. Ihm hätte unheimlich weh getan, daß ich so gekränkt worden sei.

»Du bist schon ein merkwürdiger Mann«, sagte ich. »Dort, wo mich einer gar nicht verletzen kann, dort würdest du dich für mich prügeln. Aber da, wo ich ganz konkret Hilfe brauche, beim Essenholen zum Beispiel, da sagst du nein.«
Wir hatten uns die Köpfe heiß geredet im Café, und ich mußte aufpassen, im Wunsch die Klinik zu verteidigen, nicht hochmütig auf die ach so unerfahrenen Frauen herunterzusehen. Nicht immer ist es leicht, eigene Erkenntnisse nicht auszuspielen, sie nicht als die alleinseligmachende Erfahrung verkaufen zu wollen.
Dabei hat mir sehr ein Spruch geholfen, den ich mir von Deiner Türe abgeschrieben habe:
»Versuche niemals, jemanden so zu machen, wie du bist. Denn du weißt es, und Gott weiß es auch, daß einer von deiner Sorte genug ist.«
Ja, einer von meiner Sorte ist wirklich genug, und mir hat dieses Eingeständnis jetzt ein Schmunzeln entlockt. Aber gleichzeitig denke ich, es müßte mehr Leute von Deiner Art geben. Trotzdem stimmt vermutlich: auch einer von Deiner Sorte ist genug. Allerdings enthält dieses Wissen gleichzeitig das großartige Geheimnis, daß jeder Mensch einmalig ist.
Und damit bin ich auch mit unserer für mich schwierigen Begegnung ausgesöhnt.
Es ist schön, daß es Dich gibt!
Mitternacht ist vorüber, und Du sitzt noch immer bei mir. Hab Dank für Deine Geduld.
Schlaf gut, Johannes!

11. November 1979

Lieber Johannes!
Es hat mich beschämt, daß Du gleich angerufen und damit meinen Hilferuf ernst genommen hast. Mir war ein wenig peinlich, daß ich nach meiner Rückkehr meinem Gefühl so spontan Ausdruck gegeben hatte und Dir meinen Schmerz zeigte. Nur deshalb habe ich am Telefon heute erklärt, ich sei schon wieder »normal«. Ich habe viel zuviel geredet, anstatt zuzuhören, was Du mir sagen würdest. Aber nach und nach ist unser Gespräch dann doch ein Austausch geworden. Dabei war mir sicher mein gestriger Brief eine Hilfe, denn dieser Verarbeitungsversuch ist offensichtlich geglückt.
Unser Gespräch beschäftigt mich noch sehr. Ich fühle mich au-

genblicklich aber nicht in der Lage, darauf einzugehen. Vermutlich erwartest Du das auch gar nicht.
Ich denke dankbar, welch gutes Gefühl es ist, zu wissen, daß es Deine Klinik gibt. Sonst, wenn man aus einer Klinik entlassen wird, ist man wirklich ent-lassen. Die therapeutische Gemeinschaft ist wie eine große Familie, zu der man immer wieder, wenn es nötig ist, heimkehren kann. Ich bin nicht abhängig von diesem Vaterhaus. Ich weiß, daß ich in der Fremde leben kann und auch will. Aber der Gedanke ist sehr beruhigend: wenn ich in Not bin, weiß ich, wohin ich mich wenden darf, ohne abgewiesen zu werden. Das ist mehr als die meisten Menschen haben.

12. November 1979

Hallo, Johannes,
ich freue mich darauf, mit Dir ein wenig zu plaudern. Es ist mir fast schon zur lieben Gewohnheit geworden, und ich hoffe sehr, daß Du nicht stöhnst, wenn meine Briefe in so kurzen Abständen Dich erreichen.
Ich möchte Dich einfach herzlich grüßen, wenn Du müde und abgespannt aus der Klinik kommst. Dann laß uns miteinander erst eine Weile schweigen, ich werde still sitzen und warten, bis Du mich zum Sprechen auffordern wirst. Ich bin sehr froh, daß Du bestimmen kannst, wann Du mich hören willst. Mein Brief will nicht drängen. Er hat Zeit, bis Du bereit bist zu der Begegnung mit mir. Er will nichts haben, nichts von Dir fordern, sondern Dich grüßen und beschenken. Er will Dich erfreuen und ermutigen, dort wo Du der Ermutigung bedarfst. Denn das habe ich inzwischen begriffen, daß auch Du immer wieder einmal darauf angewiesen bist.
Heute morgen bin ich mit Wolfgang, meinem Neffen, mit dem Auto in unsere 40 km entfernt liegende Kreisstadt gefahren. Für mich war es eine außergewöhnliche Fahrt. Ich hatte nämlich beschlossen, mich selbst zu erfreuen. Damit habe ich nach wie vor meine Schwierigkeiten, und ich weiß, daß dies ein wichtiger Punkt ist, den ich noch lernen muß. Ich kann es nach wie vor nur schwer, zu mir gut zu sein, und meine Reaktionen hinterher zeigen mir, welch große Mühe ich damit habe.
Da ich Musik liebe, beschloß ich, mir einige Schallplatten zu kaufen. Natürlich hatte ich zunächst wieder ganz bestimmte Vorstellungen, was ich haben wollte. Doch diese Platten waren

nicht vorrätig. Da dachte ich, warum sollte ich mich nicht einmal auf unbekannte Melodien einlassen? Das Angebot war verwirrend, und hier zeigte sich eine zusätzliche Schwierigkeit. Weil ich fast nie in ein Geschäft komme, habe ich Probleme mit dem Einkaufen. Ich muß aufpassen, in einem Einkaufsrausch nicht wahllos und zuviel mitzunehmen, aus Angst wohl auch, so schnell nicht wieder die Möglichkeit zu haben, selbst auswählen zu können.

Maurice André gefiel mir und Theodorakis, George Zamfir und Aurele Nicolet, aber ich suchte auch Milva aus und Reinhard Mey.

Wir sind dann noch ein Weilchen in der Fußgängerzone gebummelt. Für mich war es, als würde ich in eine andere Welt kommen. Ich spürte den Wunsch, einmal meine Kleider nicht im Kaufhauskatalog aussuchen zu müssen. In unserer kleinen, mittelalterlichen Stadt ist es für mich fast unmöglich Geschäfte zu besuchen. Sie sind eng und winkelig, und ich blockiere mit meinem Rollstuhl fast alle Durchgänge. Vielleicht sollte ich für das Frühjahr einmal einen Modeeinkaufsbummel in der Großstadt planen. Zumindest im Moment gefällt mir dieser Gedanke.

Für Dich ist sicher nicht überraschend, daß ich auf der Rückfahrt Schuldgefühle hatte, weil ich so viel Geld für Schallplatten – besser gesagt: für mich – ausgegeben hatte. Obwohl ich es mir leisten kann und das Geld nicht irgendwo anders einsparen muß, habe ich Schwierigkeiten damit. Würde ich die Einkäufe auf ein paar Monate verteilen, wäre der Geldbetrag gar nicht der Rede wert. Aber jetzt, so in einer Summe, setzt er mir zu. Schlimm finde ich, daß ich argumentieren muß, um diesen Kauf vor mir zu rechtfertigen.

Mir fällt ein, wie Du einmal erzähltest, welche Probleme es Dir macht, ohne Notwendigkeit für Dich ein paar Schuhe zu kaufen. Ich hätte nie gedacht, daß Dir das Skrupel bereiten würde. Vielleicht können Du und ich nicht ganz die Kriegsjahre von uns abstreifen, in denen wir einfach sparen mußten und wo wir eben auch merkten, wie wenig man wirklich zum Leben braucht. Sicher spielt die Sparsamkeit bei mir eine Rolle. Da ich aber fast nur an mir spare und häufig meine, dies oder jenes sei noch gut genug für mich, liegen die Gründe vermutlich doch tiefer.

Es hängt mit meiner Selbstliebe zusammen, die oft zu wünschen übrig läßt. Du hast mich immer wieder mit dem Satz arbeiten lassen:

»Ich bin liebenswert!«

Ich kann heute besser zu mir stehen. Ich weiß oft – nicht immer –, daß ich okay bin, so wie ich bin, und ich kann mir meine Fehler und Schwächen verzeihen. Das war neu für mich, daß ich nicht nur andern verzeihen muß, sondern auch mir selbst. War es bei den anderen schon schwer genug, bei mir schien es mir unmöglich. Immer möchte ich ein vollkommener Mensch sein. Die Ansprüche, die ich an mich stelle, sind hoch. Häufig sind sie eine Überforderung. Habe ich einen Fehler begangen, weiß ich ihn in zehn Jahren noch. Daß manches auch gut gelingt, registriere ich kaum.
Seit einiger Zeit aber begreife ich, daß ich Fehler haben und machen darf; daß ich mich nicht pausenlos zu Höchstleistungen zwingen muß und daß es keine Schande ist, nicht alles zu können. Ich fange an, bescheidener zu werden und menschlicher mit mir umzugehen. Und manchmal mag ich mich sogar. Da finde ich, daß ich eigentlich ein ganz passabler Kerl bin. Dann entdecke ich, daß ich meine Stimme mag und meine Hände, mein Lachen und mein Augenblitzen. Dann kann ich über meine gelähmten Beine streichen und sie als zu mir gehörig empfinden. Dann weiß ich, daß ich keine Zumutung, sondern ein Geschenk bin.
Es scheint zu stimmen, daß erst, wenn ich mich selber annehmen kann, ich auch die anderen wirklich akzeptiere. Seitdem ich mich selbst liebe, kann ich anders lieben als zuvor. Ich sehe nicht mehr so viele Schatten im anderen, soviel Bedrohung und Gefahr vor Verletzung. Dadurch kann ich ihm emotional offener begegnen. Das macht reich, glücklich und dankbar...
Ich habe jetzt keine Lust mehr, weiterzuschreiben. Aber große Lust, meine neuen Schallplatten zu hören. Dafür hast Du sicher vollstes Verständnis.
So verabschiede ich mich für heute von Dir. Hast Du gespürt, daß ich beim Schreiben glücklich und zufrieden wurde?
Ich möchte sagen: »Umarmen möcht ich Dich!«

14. November 1979

Lieber Johannes!
An meinen gekauften Schallplatten habe ich viel Freude. Mich hat die Musik so angeregt, daß ich anfing zu tanzen, mich im Takt zu wiegen, mich temperamentvoll zu bewegen. Es hat mich an Eckards kleine Spiele in der Klinik erinnert.
Ich weiß noch genau, wie ich das erste Mal dabei war. Ich hatte

in dieser Gruppe keine Schwierigkeiten, weil ich schon früher entdeckt hatte, wieviel Spaß es auslöste, sich nach Musik zu bewegen. Dies war auch im Rollstuhl möglich. Bei den modernen Rhythmen war nicht nötig, meine Beine gebrauchen zu können, und so fühlte ich mich gleich wohl in der Gruppe. Ich merkte, wie Eckard erleichtert aufatmete, als er sah, daß ich ohne Zögern mitmachte. Überrascht war ich allerdings, daß andere Teilnehmer so viele Probleme mit dem Tanzen hatten. Manch einen kostete es Überwindung und seine Bewegungen waren kantig und eckig, während ich vermochte, mich ganz der Musik hinzugeben. Manchmal tanzte einer auf mich zu. Einer nahm die Gebärden des anderen auf, wir bewegten uns synchron, und es machte Spaß, so Kommunikation zu erleben.
Einmal rief mir eine Teilnehmerin zu:
»Lebst du noch?«
»Ja, ich lebe!«
»Dann schrei es!«
Und wir fingen an zu rufen:
»Ich lebe!«
Andere Gäste nahmen es auf. Unsere Lebensfreude erfaßte die ganze Gruppe, und ich spürte beschwingt, wie beglückend Leben sein kann, wie intensiv, wie atemberaubend.
Gut fand ich, daß, nachdem wir uns eine halbe Stunde turbulent bewegt hatten, eine halbe Stunde der Ruhe und Entspannung folgte. Wichtig war, uns in der ersten Phase soweit als irgend möglich zu verausgaben. Danach lagen wir bei meditativer Musik auf dem Boden, horchten in uns hinein, um dann hinterher über das Erfahrene zu sprechen. Nicht immer war die Stille angenehm. Manchmal stürzte ich in ein tiefes Loch, fühlte mich allein, einsam, verloren. Ich war immer wieder überrascht, wieviele Gefühle in dieser Ruhephase freigesetzt wurden, sich selbständig machten, mich überschwemmen konnten, und es war hilfreich, damit nicht alleingelassen zu werden, sondern hinterher, im Kreis sitzend, darüber reden zu können.
Einmal – dies war eines meiner beglückendsten Erlebnisse – sah ich die Weite des Himmels über mir, und ich war ein Vogel, der seine Schwingen breitete und eine unendliche Freiheit verspürte.
Du hattest einmal, nachdem wir miteinander gearbeitet hatten, zu mir gesagt:
»Du kannst fliegen!«
Und jetzt flog ich. Nichts hinderte mich, fesselte mich. Ich

nahm die Bläue des Himmels wahr, fühlte mich eingebettet in seine Unendlichkeit und wußte, daß mir dieser Raum gehörte. Ich war frei! Klein war die Welt unter mir, ich hatte sie hinter mir gelassen. Ich wußte, es gab noch eine andere Dimension als mein eigenes begrenztes Umfeld. Ich hatte entdeckt, daß meine Schwingen mich trugen, daß kein Schmerz vermocht hatte, sie zu lähmen. Ich gebrauchte sie erst ein wenig unsicher, tastend, prüfend, ob sie mich tragen würden. Ich wurde mutiger. Ich mußte nicht mehr aufgeregt mit meinen Flügeln schlagen, um mich in der Luft zu halten. Ich konnte sie ganz weit ausbreiten, mich gleiten lassen und erfuhr: ich bin frei!
Noch jetzt kann ich dieses Gefühl nachempfinden. Es war sehr elementar, und manchmal, wenn ich jetzt wieder am Boden hocke und meinen Flügeln nicht traue, erinnere ich mich daran, um erneut einen Flug zu wagen.
Kannst Du dieses Schwingen und Gleiten nachvollziehen?
Ich weiß: Auch Du kannst fliegen!
Wo werden wir uns in dieser Freiheit begegnen?

20. November 1979

Lieber Johannes!
Ob Du auf meinen nächsten Brief schon wartest? Ich fand in den zurückliegenden Tagen einfach nicht die Kraft zum Schreiben, obwohl ich in Gedanken oft bei Dir war und versuchte, mit Dir Zwiepsrache zu halten.
Nach wie vor ist mir unheimlich, daß ich neulich am Telefon und auch bei meinem Besuch so viel geredet habe. Mußte ich etwas wegreden? Heute kommt mir übertrieben vor, wie sehr ich beteuerte, was ich Dir und der Klinik alles verdanke. Nachdem Du darauf schwiegst, habe ich es noch stärker betont. Warum nur? Du weißt doch ohnehin, daß ich dankbar bin. Ich machte den alten Fehler, zu meinen, ich müßte viel geben, um ein bißchen Liebe zu erhalten. Ist mir deshalb so miserabel zumute, weil Du auf dieses Spiel nicht eingegangen bist?
Johannes, ich brauche Liebe...
Dieses Eingeständnis tut weh.
Ich weiß, daß Du mich magst. Aber heute genügt mir das nicht. Ich sehne mich nach etwas, was kein Mensch zu geben vermag: letzte Geborgenheit.
Ich fühle mich im Moment aufgescheucht durch Unglück im Freundeskreis. Da hat eine Frau Krebs. Dort ist ein Bekannter

tödlich verunglückt. Ich merke, wie bedrohlich das Leben sein kann. Wenn ich ehrlich bin, spüre ich die Angst, es könnte auch mich treffen. Es ist nicht selbstverständlich, daß ich verschont bleibe.
Laß mich schließen. Es führt heute zu nichts. Ich bin müde, depressiv und sehr einsam...

25. November 1979

Lieber Johannes!
In diesen Tagen erreichte mich ein Briefumschlag, auf dem gedruckt stand: »Hilfe zum Leben – denn leben lohnt sich!«
Lohnt es sich wirklich?
Verzeih diese Frage. Im Grunde genommen weiß ich die Antwort. Wenigstens vom Kopf her. Freilich, mit dem Gefühl ist das so eine Sache, ich bin im Moment nicht sicher, ob ich nicht mitten in einer Depression hocke. Da ist wieder diese furchtbare Antriebslosigkeit, die auch die einfachsten Verrichtungen zu härtester Arbeit werden läßt. Da ist das Gefühl, nie mehr etwas leisten zu können, zu allem Tun unfähig zu sein. Ich frage, was passieren müßte, daß ich mich freue, und nichts fällt mir ein. Im Moment würde mir selbst eine Begegnung mit Dir keinen Spaß machen. Auch das Schreiben ist mühsam. Daß kein Echo von Dir kommt, ist lähmend. Ich quäle mich mit der Vorstellung, meine Briefe könnten Dir lästig sein. Ich habe Angst, gezeigtes Fehlverhalten könnte Dich ärgerlich werden lassen. Im Moment neige ich dazu, mich selber zu quälen. Ich gehe nicht gut mit mir um, und ich höre Dich fragen: »Wozu brauchst du das?«
Ja, wozu brauche ich das? Ich habe jetzt sehr lange nachgedacht. Mir ist nichts eingefallen. Vielleicht sollte ich einfach eingestehen, daß ich meinen Emotionen gegenüber machtlos bin. Wie schwer mir das fällt, kannst Du vermutlich kaum ermessen.
Ich habe jetzt das Zwölf-Schritte-Programm der Emotions Anonymous, das an das der Anonymen Alkoholiker angelehnt ist, hervorgesucht. Dort heißt es: »Wir haben zugegeben, daß wir unseren Emotionen gegenüber machtlos sind und unser Leben nicht mehr allein meistern können.«
Kurz vor meiner Entlassung aus der Klinik hast Du mir einmal vorgeworfen, ich hätte diesen ersten Schritt noch immer nicht getan.

Ich habe nach wie vor meine Schwierigkeiten damit. Versuche ich doch immer noch, meine Gefühle in den Griff zu bekommen und mein Leben aus eigener Kraft zu bestehen. Meist gelingt mir das ja auch ganz gut. Aber ich sehe immer deutlicher, daß ich mein zeitweiliges Versagen nicht mehr als einmalige Panne betrachten kann. Es ist viel schlimmer. Eigentlich müßte ich kapitulieren und das tun, was Ihr in der Klinik »surrender« nennt.

Schritt zwei heißt: »Wir gelangen zu der Überzeugung, daß nur noch eine Macht, größer als wir selbst, uns unsere geistige Gesundheit wiedergeben kann.«

Wahrscheinlich ist es eine Illusion zu meinen, Kapitulation sei eine einmalige Sache und dann sei alles für alle Zeit gut.

Unter dem 20. Januar 1979 habe ich in der Klinik in mein Tagebuch geschrieben:

»Ich möchte mich in des Vaters Arme werfen und eingestehen:

›Ich kann nicht mehr. Ich bin am Ende. Ich werde sterben, wenn du mir nicht das Leben schenkst.‹

In diesem Zustand kann ich mir auch nichts mehr nehmen, weil die Hände kraftlos sind. Aber sie sind geöffnet, bereit zum Annehmen, zum Sich-beschenken-Lassen. Dies ist ein angstmachender Zustand und ich überlege schon wieder, was ich tun müßte, um ihn ändern zu können. Es widerspricht meinem ganzen Wesen, einmal gar nichts mehr zu tun, nichts mehr zu können, alle Aktivitäten aufzugeben, mir zu erlauben, müde und abgekämpft zu sein. Ich denke erstaunt:

Ich *darf* sterben. Ich *darf* aufgeben. Ich muß mich nicht mehr an meine Leistungen klammern. Ich brauche das Leben nicht mehr krampfhaft festzuhalten. Es wird Zeit, daß der Tod kommt. Er wird eine Erlösung sein. Ich will keine lebensverlängernden Infusionen mehr. Es wäre nur ein quälendes Hinauszögern. Und ich spüre erstaunt, daß der Tod kein Ende ist, sondern ein Übergang zu neuem Leben; daß der Tod nur einen Augenblick währt; daß er kein anhaltender Zustand ist, der Zeit braucht, sondern daß Sterben der Schritt über die Schwelle ist in ein neues, unbekanntes Land. Was so viel Zeit braucht und so angst macht, ist der Todeskampf, ist das Sich-Klammern an das alte Leben, an die alte Hülle, die abzustreifen so viel Schmerzen mit sich bringt. Die Raupe kann sich nicht vorstellen, daß sie einmal ein Schmetterling sein wird. Sie kann sich nur auf diesen Prozeß einlassen und im Sich-Einlassen erfah-

ren, daß sie alles in sich hatte, um etwas ganz Neues zu werden.
Und es ist wahr: ›Die Mitte der Nacht ist der Anfang des Tages.‹
Ich spüre das Fünklein Licht am Ende des Tunnels. Ich war tot, und siehe, ich lebe! Ich weiß nicht und ahne es auch nicht, wie es sein wird, dieses neue Leben. Es ist keine Euphorie in mir. Ich bin kein Schmetterling geworden. Ich bin ein hilfloses kleines Kind, das eben geboren wurde und noch gar nichts kann. Ich will darauf vertrauen, daß dieses Kind in mir lebensfähig ist.«
Soweit der Auszug aus meinem Tagebuch. In der Gruppe sagte man mir damals, ich sei verändert. Ich hätte einen ganz anderen Gesichtsausdruck, fröhlich, entspannt, schön.
Für mich war überraschend, daß, als ich aufhörte zu kämpfen, alles da war, was ich trotz aller Anstrengungen nicht hatte erreichen können. Ich meinte, ich hätte ein für allemal begriffen, wie sinnlos das Kämpfen ist, das Sich-Verteidigen, Sich-Wehren, das Um-sich-Schlagen. Rückblickend kann ich nur sagen, daß ich diesen Fehler noch immer habe. Daß ich mich noch immer rechtfertige für mein Tun; daß ich wünsche, alle möchten verstehen, warum ich so und nicht anders handle. Immer noch fühle ich mich angegriffen. Ständig bin ich auf der Hut und damit in Kampfbereitschaft. Entweder kämpfe ich, oder ich bin auf der Flucht. Aber ich merke jetzt wenigstens mein Fehlverhalten.
Auch hier gilt: üben – üben – üben...
Irgendwo liegt hier noch ein Denkfehler. Ich bringe einfach nicht zusammen: auf der einen Seite loszulassen, nichts mehr zu tun, zu kapitulieren und auf der anderen Seite doch wieder die Initiative ergreifen zu müssen, nicht entmutigt aufzugeben, immer wieder von vorne anzufangen.
Vielleicht ist der Schlüssel dazu: nichts mehr in eigener Kraft und Regie zu versuchen, sondern in dem Wissen, ich kann und muß es nicht allein tun.
Christus sagt: »Ohne mich könnt ihr nichts tun.«
Rebellisch denke ich, ich habe manches in meinem Leben in eigener Regie getan, und es ist gelungen. Es war nötig, daß ich kämpfte. Hätte ich nicht soviel Energie und Willenskraft aufgebracht, ich hätte es bei meiner schweren Behinderung nie geschafft, mir einen kleinen Bungalow zu bauen und dort allein zu wohnen. Hätte ich aufgegeben, ich wäre heute in

einem Pflegeheim, in dem ich sehr eingeschränkt leben müßte. Ähnlich ist es mit meiner langjährigen beruflichen Tätigkeit. Es war viel Kampf nötig, viel Durchhaltewillen, viel Mut und Zähigkeit. Aber ich weiß auch, daß ich in diesem Kampf übermäßig viele Kräfte verbraucht habe.
Ich habe in der Klinik erfahren, daß in mir viel Kraft ist. Ich habe eingesehen, daß ich sie anders einsetzen muß, sinnvoller, kräftesparender. Hin und wieder weiß ich, daß ich nicht alles allein tun muß; daß ich mit Gott rechnen darf und daß das Gelingen meines Lebens von ihm abhängig ist.
Du magst meinem Brief abspüren, daß ich mich dort gedanklich auseinandersetze, wo ich es vielleicht besser gefühlsmäßig tun sollte. Einmal hast Du mir gesagt:
»Deine Rotationsmaschinen laufen pausenlos.«
Im Moment habe ich das Gefühl, daß ich wirklich sehr rotiere. Aber ich bin auch dankbar, daß mein Kopf nicht alles unverdaut schluckt.

30. November 1979

Lieber Johannes!
Vorhin habe ich ganz intensiv an eine Bekannte denken müssen. Fünf Minuten später läutete das Telefon, und sie war am Apparat.
Kennst Du das auch?
Mir passieren immer wieder einmal solche Gedankenübertragungen. Oft habe ich an jemanden lange nicht mehr gedacht, plötzlich kommt er mir ganz lebhaft in Erinnerung, und dann bringt der Postbote mir einen Brief, oder das Telefon läutet. Ähnlich ergeht es mir mit manchen Träumen. Unheimlich ist mir, wenn sich so der Tod eines Menschen ankündigt. Auch das kenne ich. Aber davon will ich jetzt nicht reden, sondern von diesen unsichtbaren Gedankenverbindungen, die sicher viel häufiger existieren als wir ahnen. Ob es eine Spekulation ist, wenn ich meine, wir würden viel mehr in uns aufnehmen als uns bewußt wird? Vielleicht erklärt das manche Mißstimmung, von der wir nicht wissen, woher sie kommt? Denn nicht immer sind positive Kräfte um uns.
Eigentlich erschreckt mich die Vorstellung, daß all unsere Gedanken, gute und böse, Auswirkungen haben, sich weiter verbreiten, bis sie einen aufnahmebereiten Empfänger finden. Ich will diese Überlegungen jetzt nicht weiterspinnen. Aber mir ge-

fällt der Gedanke, daß Deine wohlwollenden Empfindungen für mich durch den Äther eilen und bei mir ankommen. Daß es letztlich nicht der sichtbaren Begegnung bedarf, um unvermittelt Deine Wärme und Zuwendung zu spüren. Gar manches Mal, wenn ich mit Dir geplaudert habe, war mir hinterher – ein oder zwei Tage später, wenn Dich vielleicht gerade mein Brief erreicht hatte –, als würdest Du mich anlächeln; mir aufmerksam in die Augen schauen oder mir auch voller Humor eine unbequeme Wahrheit ins Gedächtnis rufen.
Bitte spüre diesem Brief ab, daß ich Dir herzlich zugetan bin. Vielleicht darf auch ich manchmal unvermittelt zu Dir kommen, in unerklärbaren Gedankenverbindungen, aber deshalb nicht weniger wirklich...

1. Dezember 1979

Lieber Johannes!
Heute ist der Todestag meiner Mutter. Du weißt, daß sie sich das Leben genommen hat; daß sie verzweifelt ist in ihrer Depression und daß sie keinen Ausweg mehr gesehen hat.
»*Nimm* dir das Leben!«, so höre ich Dich sagen, und es rührt mich ungemein an, daß ich diese Chance habe; daß ich noch einmal anfangen durfte zu leben. Schon vor meinem Klinikaufenthalt gab es Augenblicke, wo ich die Intensität des Lebens spürte, seine Fülle, seinen Reichtum. Ich wollte ihn festhalten, aber immer häufiger sich wiederholende Depressionen verminderten seinen Glanz.
Weißt Du, was ich jetzt möchte? Ich möchte rufen:
»*Ich lebe*!«
Und ich möchte noch einmal empfinden, was ich mit Dir zusammen empfand, als Du beim Arbeiten mit mir diesen Ruf aufgenommen hast. Ich konnte einstimmen in dieses überwältigende Gefühl. Ich wurde lauter und lauter:
»Ich lebe!«
Selten einmal habe ich mich selbst so intensiv gespürt. Kaum einmal war ich wacher und gegenwärtiger. Ein paar Tage später lachtest Du mich an:
»Es ist schön, wie lebendig du bist!«
Zum Lebendigsein gehören meine Gefühle: meine Angst – mein Schmerz – meine Wut – und meine Freude. Ich möchte immer ehrlicher werden im Umgang mit ihnen. Aber ich spüre auch, daß Bekannte mir das häufig nicht zugestehen wollen. Sie

möchten mich so wie früher haben. Da war ich bequemer, umgänglicher, angepaßter.
»Sie haben sich sehr verändert. Aber ich mag Sie trotzdem«, sagte mir eine Frau. Sie wurde zunehmend aggressiver gegen mich. Ich war nicht mehr die einfühlsame, alles verstehende Zuhörerin von früher. Ich weigerte mich, ihr ständig Mitleid entgegenzubringen und sie in ihrem »gemütlichen Elend« weiterhin zu unterstützen. Ich sagte ihr, daß ich nicht verantwortlich sei für ihr seelisches Wohlergehen. Als erwachsener Mensch trage sie selbst die Verantwortung. Sie wollte nichts verändern. Sie fühlte sich wohl in ihrer Misere. Daß ich sie darin nicht mehr bestätigte, machte sie wütend. Sie griff mich an. Sie meinte, die Therapie hätte sich sehr negativ auf mich ausgewirkt. Denn was wäre das für eine Therapie, die das Einfühlungsvermögen zerstöre.
Sie wollte nicht begreifen, daß mein Einfühlungsvermögen nach wie vor da war, ja, daß es vielleicht sogar noch sensibler geworden war. Daß sich meine Einstellung zum Leben geändert hat und daß es vielleicht Liebe sein könnte, wenn ich ihr nicht mehr in allem zu willen war, wollte sie nicht einsehen.
Früher bin ich schon gesprungen, wenn einer nur einen Seufzer getan hat. Dann machte ich mir Gedanken, wie ich ihn erfreuen könnte, damit ihm das Leben wieder gefiele. Ich fühlte mich verantwortlich für sein Wohlergehen. Heute weiß ich, daß ich damit häufig unmündiges Verhalten unterstützte, Erwachsenwerden verhinderte und manchmal dort, wo ich half, schuldig wurde. Dies einzusehen, ist mir nicht leicht gefallen. Ich war ein guter »Co«, wie Ihr das in der Klinik nennt.
Ich bin dabei selbst in ein unendliches Defizit geraten. Ich war am Verhungern, als ich zu Dir kam, gerade noch rechtzeitig, wie ich heute weiß. Mir hat es schier den Atem genommen, als Du sagtest:
»Depression ist Hunger und Durst. Und wer hungrig ist, hat ein Recht darauf, satt zu werden.«
Ich hatte ein Recht, satt zu werden! Das war neu und aufregend für mich.
Hatten mir nicht unzählige Leute dieses Sattwerden verwehrt? Es hat eine ganze Weile gedauert, bis ich begriffen habe, daß es nicht die anderen waren, die mich am Sattwerden hinderten, sondern ich selbst. Es war schwer für mich einzusehen, daß ich nicht ihnen die Verantwortung für meinen Hunger zuschieben konnte. Ich war kein Säugling mehr, der das Recht besaß, gefüt-

tert zu werden. Ich war ein erwachsener Mensch, der selbst für sein Essen sorgen mußte. Ich mußte lernen, nicht loszuplärren, wenn ein Gasthaus geschlossen war. Es gab unzählige Gasthäuser, und ich durfte mich nicht auf ein Stammgasthaus spezialisieren. Manchmal mußte ich 20 km laufen, bis ich zu essen haben konnte. Aber ich wußte auch, daß ich diese Durststrecke durchhalten konnte.
Ich habe beim Essen die unterschiedlichsten Erfahrungen gemacht. Erst habe ich mich gierig überfressen, aus Angst, wieder zu kurz zu kommen. Mein Magen rebellierte, und mir war zum Kotzen. Dann wollte ich nur noch Diät haben und war sauer, wenn es das Gewünschte nicht gab. Manchmal wollte ich Kaviar und vergaß, daß auch Pellkartoffeln satt machten. Was Wunder, daß mich neue Hungergefühle quälten. Ich merkte, daß ich lernen mußte, richtig zu essen.
Dabei war eine wichtige Erfahrung, daß ich nicht gierig von Gasthaus zu Gasthaus eilen mußte. Auch konnte ich nicht auf Vorrat essen, um für magere Zeiten Reserven zu haben. Überrascht entdeckte ich, daß ich auch bei mir selbst zu Gast sein konnte. Ich lernte, mir ein leckeres Menü zuzubereiten.
Dies gab mir auch im Umgang mit den Gästen eine gewisse Sicherheit. Ich war von ihrer Zuwendung nicht mehr total abhängig. Eine Zurückweisung traf mich nicht mehr tödlich. Aber ich merkte auch, daß ich auf verdorbene Speisen achten mußte, daß nicht alles genießbar war.
Ich begriff, daß Einladungen zu einem Festessen nicht das Normale waren. Sie waren Höhepunkte im Leben. Allerdings war erlaubt, sie dann auch dankbar zu genießen.
Mir fällt eben ein sehr lebhafter Traum ein:
Wir hockten in einer Gruppe beieinander, lustlos, weil wir hungrig waren und nichts zu essen hatten. Da kamst Du und fordertest uns auf:
»Nehmt euch Brot!«
Du deutetest auf etwas, was in unserer Mitte lag, undefinierbar, fremd. Wir sahen es an, voller Skepsis. *Das* sollte Brot sein? Brot kannten wir ganz anders. Einer biß hinein, probierte, kaute, probierte noch einmal und sagte schließlich:
»Das *ist* Brot!«
Ungläubig sahen wir ihn an. Wir dachten, er wolle uns hereinlegen. Er ermunterte uns, zuzulangen, es selbst zu probieren. Einer nach dem anderen wagte es und rief:
»Das *ist* Brot!«

Wir riefen es uns gegenseitig zu:
»*Brot* – wir haben *Brot*!«
Wir lachten, wir tanzten, wir schrien durcheinander und – ich wachte von meinem eigenen Lachen auf.
Ein bedeutungsloser Traum? Er hat mich noch lange beschäftigt: bleiben wir nicht oft hungrig, weil wir nicht wissen, daß wir zu essen haben? Hindern uns unsere geprägten Vorstellungen und Erwartungen nicht immer wieder daran, zuzugreifen?
Und dann: wissen wir überhaupt, daß unsere Seele hungrig ist? Ich habe es lange nicht gewußt. Mir machte meine Arbeit Spaß, ich hatte viele Kontakte. Manch einer kam zu mir und sprach sich aus, und ich bemühte mich, ihm all das zu geben, was man von mir erwartete: Verständnis, Zeit, Liebe, Geborgenheit. Aber immer häufiger fühlte ich mich hinterher leer, erschöpft, ausgelaugt, traurig, einsam. Ich ertappte mich dabei, daß ich vor mancher Begegnung plötzlich Angst hatte, sie könnte über meine Kräfte gehen. Aber ich wagte nicht, meine Müdigkeit und Lustlosigkeit einzugestehen. Depressionen stellten sich ein, wurden häufiger, fraßen alle Lebensfreude weg.
»Von zwei Rosinen und drei Erdnüssen kann man nicht leben«, sagtest Du manchmal. So lebte ich. Was Wunder, daß sich zunächst Mangelerscheinungen einstellten und daß ich dann schließlich krank wurde?
Wer hungrig ist, muß essen...
Ich aber hatte verlernt zu essen. Zwar spürte ich bei ehrlichem Nachdenken ein Riesendefizit an Geborgenheit, an Nähe und Wärme, an Liebe und Zuwendung. Aber ich spürte nicht meine Berechtigung, mir all das nehmen zu dürfen. Mein christliches Gewissen hatte mir immer wieder suggeriert:
»Geben ist seliger, denn nehmen.«
Ich hatte Jahrzehnte versucht, danach zu leben. Nun war ich erschöpft, ausgelaugt, mit vielen Mangelerscheinungen behaftet. Oder, um es ehrlicher zu sagen:
Ich war am Verhungern...
In Deiner Klinik hieß es immer wieder:
»*Nimm* dir, was du brauchst.«
Und ein Standardsatz lautete:
»*Nehmen* ist seliger, denn geben.«
Ich glaubte, mich verhört zu haben. Doch nach und nach begriff ich, daß ausgehungerte Menschen zunächst einmal an sich selbst denken müssen. Ich mußte es immer wieder von neuem hören:

»Du hast ein Recht darauf.«
Selbst für mein Essen sorgen zu müssen, löste zunächst ungeahnte Ängste aus: da war die Angst vor Zurückweisung; die Angst, mißverstanden zu werden, mich lächerlich zu machen. Aber als ich einen Schritt über meine Angst hinaustat, erlebte ich, daß ich mir wirklich nehmen durfte, was ich brauchte; daß meine Bedürfnisse den anderen nicht ärmer machten, sondern beschenkten. Ich mußte nicht mehr demonstrieren:
»Seht ihr denn nicht, was ich brauche?«
Dieses Spiel habe ich jahrelang gespielt und bin dabei so sehr zu kurz gekommen, daß es lebensgefährlich wurde.
Als ich anfing, regelmäßig zu essen, konnte ich auch wieder den anderen neben mir sehen. Plötzlich war Fülle da, Überfluß, und ich hatte das Bedürfnis, Gäste bei mir zu haben, denen ich davon abgeben konnte. Und nun galt auch wieder:
»Geben ist seliger, denn nehmen!«
Ich weiß, daß ich verantwortungsbewußt essen muß, um keine Mangelkrankheiten zu bekommen. Aber ich habe diese Erkenntnis nicht als unverlierbaren Besitz. Es gibt immer wieder Zeiten, wo die alten Verhaltensweisen dominieren. Dann spüre ich einfach meine Berechtigung nicht, mir das zu nehmen, was ich brauche. Ich habe nach wie vor mit dem *Nehmen* meine Schwierigkeiten. Wichtig ist dann, daß ich nicht mutlos werde, sondern mir meine Bedürfnisse zugestehe, auch dann, wenn andere sie mir absprechen wollen. Ich allein bin verantwortlich für mein Leben. Ich kann es sein, weil es *Einen* gibt, der zu mir sagt:
»Nimm hin und iß ...«
Ich darf es an-nehmen, dieses Angebot, und ich darf darauf vertrauen, daß es Brot ist, das mich satt werden läßt. Brot, das ich im Anschauen vielleicht nicht als solches erkenne. Ich muß es essen, um zu schmecken: das *ist* Brot.
Johannes, ich hoffe, ich habe Dich mit diesen Gedankengängen nicht gelangweilt. Eigentlich habe ich all das, was ich schrieb, nicht Dir erzählt, sondern es mir selbst nochmals ins Gedächtnis gerufen. Ich bin in letzter Zeit sehr wenig sorgfältig mit meinem Essensbedürfnis umgegangen. Ich habe mir meinen Hunger und Durst nicht zugestanden. Ich überging die Essenszeiten, und wo ich hätte essen können, dort buhlte ich um Anerkennung. Dabei weiß ich doch, daß Anerkennung nicht satt macht.
Anstatt bei meinem Besuch bei Dir zu essen, trauerte ich der

Tatsache nach, daß Du mir Deine Anerkennung verweigert hattest. Du hattest mich in die Küche gebeten, ich aber wollte im Speisesaal essen. Ich war so blind, daß ich das angebotene Essen gar nicht wahrnahm. Und so bin ich hungrig von Dir fort...

10. Dezember 1979

Lieber Johannes!
Es kommen immer wieder Anfragen, ob ich da oder dort lesen würde. Daß ich mich darüber freue, kannst Du Dir sicher vorstellen. Ich merke, daß ich meist gut ankomme und in den anschließenden Gesprächen offensichtlich den richtigen Ton treffe. Vor allem höre ich immer wieder:
»Es ist toll, wie ehrlich Sie antworten.« Oder:
»Sie strahlen so viel Lebensfreude aus!«
Das tut mir natürlich gut. Um so betroffener bin ich, daß ich fast jedes Mal nach solch einem gelungenen Leseabend in ein »Loch« falle. Woran liegt das nur? Ist es eine natürliche Erschöpfung, weil ich mich total verausgabt habe? Ist es der Schock, aus einer wohlwollenden Gemeinschaft in die Einsamkeit eines Gastzimmers entlassen zu sein? Ist es die Erfahrung, daß Anerkennung nicht satt macht? Vergesse ich in der Anspannung des Abends, daß auch ich hungrig sein darf und essen muß?
Ich bin noch nicht dahintergekommen, was da vor sich geht. Merkwürdigerweise überstehe ich schwierige Abende besser. Ich war vor einigen Tagen in einer Kurstadt und habe dort vor älteren Menschen gelesen. Es begegnete mir noch viel Denken aus dem Dritten Reich.
Eine Dame sagte:
»Huch, nein, ein oder zwei solcher Leute in unserem Speisesaal. Das wäre unzumutbar.«
Ich habe einmal tief Luft geholt und ihr entgegnet, daß ihr auch noch passieren könnte, behindert zu werden. Sie meinte, dann würde sie nicht mehr unter die Leute gehen. Daß sie dann sehr schnell einsam sein würde, wollte sie nicht einsehen.
Ich merke, daß ich mich mit Vorurteilen und Lieblosigkeiten auseinandersetzen kann. Auch wenn Hörer meinen, der Umgang mit Behinderten sei eine Zumutung, empfinde ich mich nicht mehr als solche. Mein Selbstbewußtsein ist gewachsen. Offensichtlich kann ich nur schwer mit dem Erfolg umgehen.

Irgend etwas finde ich immer noch, was ich hätte besser machen können. Es ist schlimm, daß ich eine gute Atmosphäre noch immer nicht rückhaltlos genießen kann. Genießen... Ich habe das Gefühl, daß ich das erst lernen muß. In meinem Leben ist soviel harte Arbeit gewesen, daß der Genuß zu kurz kam. Heute weiß ich, daß ich meinte, ihn mir nicht erlauben zu können.
Ich habe beobachtet, wie Du mit allen Sinnen genießen kannst. Wie Du Dich in einen weichen Sessel fallen läßt und Deinem Wohlbehagen Ausdruck zu geben vermagst. In der S-Gruppe war Dir immer wieder wichtig, uns zu vermitteln, daß wir uns den ganzen Tag sinnlich erleben könnten, wenn wir nur offen dafür wären. Für uns hat das meist schon etwas Verbotenes, und wir können es nur noch in Beziehung mit Sexualität sehen. Dabei wäre es ganz normal, uns im Umgang mit dem Partner Welt mit allen Sinnen zu erleben.
Ich habe angefangen, in meinem Leben Sensualität bewußt zu entdecken. Für mich ist überraschend, wieviele Empfindungen ich mit meinen Fingerspitzen wahrnehmen kann. Manchmal schließe ich die Augen und ertaste blind einen Teppich, ein Stück Holz, eine Blüte, Gras oder was immer ich gerade erreichen kann. Mir wird unvergeßlich bleiben, was ich empfand, als ich mein Gesicht an die rauhe Borke eines Baumes legte.
Eine gute Einführung waren da auch Heidis konzentrative Bewegungsübungen. Ich erinnere mich an das Ertasten einer Kugel, noch mehr an die Faszination eines groben Holzklotzes mit Rissen und Sprüngen, dem meine Fingerspitzen begegneten, ihn erkundeten und ihn kennenlernten. Er hatte mir eine ganze Geschichte erzählt, und als ich meine Augen öffnete, war er mir vertraut und wohlbekannt.
Einmal sammelten wir bei Heidi Erfahrungen mit Stäben, zunächst jeder für sich – mit Ertasten, Balancieren, mit Bewegungen. Dann sollten wir in Gruppen zu dritt arbeiten. Während die anderen am Boden hockten, saß ich in meinem Rollstuhl. Franziska, die neben mir stand, wandte sich mir zu. Ich aber wollte sie wegschicken. Da war wieder die alte Angst, jemand könnte meinetwegen ein Opfer bringen müssen und zu kurz kommen. Aber diese junge, quirlige Frau blieb. Sie war drogenabhängig und Alkoholikerin und hatte ein schnellaufbrausendes Temperament. Ich war ihr bis jetzt meist ausgewichen. Ihr emotionales Feuerwerk ängstigte mich.
Wir hatten die Aufgabe, mit geschlossenen Augen mit dem

Stab zu spielen. Franziska und ich hielten zwei Stäbe an ihren Enden und führten phantasievolle Bewegungen damit aus. Wir waren eins in der Bewegung, und das Wechseln von Führen und Sich-führen-Lassen vollzog sich in einer unvorstellbaren Harmonie. Es war faszinierend, wie das ohne Absprache gelang. Keiner kämpfte, keiner versuchte seine Vorstellungen durchzubringen. Es war ein Loslassen und Neu-sich-Finden, beschwingt von der Freude an der Bewegung. Als es zu Ende war, umarmten wir uns spontan. Es war Ausdruck einer großen Nähe und Vertrautheit, die wir miteinander erlebt hatten, unerwartet, überraschend für uns beide.
Jede Gruppe sollte dann ihre Stäbe, so wie sie wollte, an der Wand aufstellen, damit ein gemeinsames Gebilde entstände. Wir waren auch da ganz einig. Ich wollte einmal nicht tragen, sondern mich anlehnen können, leicht, ohne Druck, in zurückhaltender Berührung, trotzdem in selbstgewählter Freiheit, dadurch die Basis verbreiternd. Franziska erspürte das intuitiv. In der Gruppe sagte sie, dieses Spiel gehöre zu den wichtigsten Erfahrungen ihres sehr langen Klinikaufenthaltes. Sie hätte zum ersten Mal ganz intensiv Vertrauen empfunden und Geborgenheit gespürt. Mich hat das tief bewegt. Freude und Dankbarkeit erfüllten mich. Es war schön zu geben, mich so reich zu fühlen, daß ich im Wegschenken nicht ärmer wurde, sondern spürte, daß der Quell sprudelte und unversiegbar war. Das war ein anderes Geben, als wenn ich jeden Preis bezahlte, um nicht allein zu sein. Ich erfuhr die Stillung meines Hungers, indem ich offen war für die Bedürfnisse eines anderen und keine Angst hatte, zu kurz zu kommen.
Ein anderes Erlebnis fällt mir ein, wo es für mich wichtig war, mich zu entziehen. Es war bei Eckards kleinen Spielen. Wir sollten uns mit geschlossenen Augen nach Musik bewegen. Ekkard wollte, daß dabei der Rollstuhl mitten im Raum stehen würde. Ich empfand diesen Platz zwar als unsicher, aber ich war bereit, mich auf neue Erfahrungen einzulassen. Als Belastung erlebte ich, daß ich wie mit einer Radarantenne fühlte, wenn einer dabei war, an den Rollstuhl zu stoßen, und daß ich keine Möglichkeit des Ausweichens hatte. Diese Kollisionen rissen mich jedes Mal wieder aus dem mühsam gefundenen Rhythmus. Auch hatte ich Angst, es könnte sich jemand verletzen. Einmal waren sehr viele Tänzer um mich her. Ich empfand sie wie eine bedrohliche Schlucht, in die ich eingezwängt war. Ihre Körpergröße wirkte auf mich in meiner Sitzperspektive sehr be-

klemmend. Ich bekam Atemnot. Trotzdem hielt ich mich an die Spielregeln.
Ab und zu faßte eine Hand die meine, warm, zart, groß, schwielig. Je nachdem. Ich nahm die Bewegung auf, ließ wieder los und tanzte weiter. Aber da war auch eine Hand, sehr besitzergreifend, sehr zwingend und bestimmend. Ich fühlte mich unbehaglich und kämpfte mit der alten Regung, dies zu akzeptieren, um nicht allein zu sein. Aber dann entschied ich mich für das Freisein und entzog dem Mann meine Hand. Er wollte sie nicht freigeben, packte sie von neuem und umklammerte sie wie in einem Schraubstock. Ich aber riß mich abrupt los und registrierte erstaunt, daß ich mich stark und frei fühlte. Da war nichts von der Schwäche der letzten Tage, und ich genoß ein Gefühl der Schwerelosigkeit, des Zu-mir-selber-Findens und Zu-mir-Stehens.
Beim Austausch unserer Erfahrungen erklärte Theobald, ihn hätte geärgert, daß ich mich seiner Hand entzogen hätte. Wenn er schon einmal da wäre, dann...
Eckard meinte, dies sei ein typisch neurotisches Verhalten, während ich eine erwachsene Reaktion gezeigt hätte. Theobald hätte erwartet, daß ich dankbar sein müsse, wenn er sich schon dazu hergäbe, zu mir Kontakt aufzunehmen.
Das begegnet mir immer wieder einmal, daß Leute sich mir gönnerhaft nähern und meinen, ich müßte froh sein, daß sie Zeit und Aufmerksamkeit für mich hätten. Zwar weise ich sie meist nicht zurück, aber ich lasse sie sehr schnell merken, daß ich auf Mitleid nicht angewiesen bin. Ich lasse mir von ihnen auch nicht mehr so viel Zeit stehlen. Sie sind dann manchmal ärgerlich, weil ich sie um das Gefühl bringe, etwas Gutes getan zu haben.
Als wir uns kennenlernten, sagtest Du mir, ich hätte nie gelernt, nein zu sagen. Wie recht Du damit hattest.
Daran habe ich mich schon manches Mal erinnert. Ich wage jetzt hin und wieder ein Nein, dort wo ich mich überfordert fühle. Manchmal quälen mich dann allerdings hinterher unerträgliche Schuldgefühle.
So habe ich vor einigen Wochen einer Frau, die mich mit Briefen bombardierte und mit täglichen Telefonanrufen heimsuchte, gesagt, daß ich ihr das nicht geben könnte, was sie suche. Ich wagte es, obwohl sie selbstmordgefährdet war. Sie hatte sehr subtile Erpressungsversuche. Ich konnte ihr geben, was ich wollte, nie war es genug. Ich merkte, daß ich selbst in

ein gefährliches Defizit geriet. Nach einigen schlaflosen Nächten schrieb ich ihr, ich könnte die Beziehung nicht weiter aufrechterhalten.
Das steht jetzt so einfach da. Ich habe eine ganze Weile die Gedanken an diese Frau nicht losgebracht. Ängste jagten mich, sie könne sich wirklich umbringen. Schuldgefühle quälten mich. Ich konnte zu diesem Nein nicht stehen. Ich hinterfragte es, und am liebsten hätte ich – gegen alle Vernunft – diese Verbindung wieder aufgenommen. Gerade noch rechtzeitig merkte ich, daß dabei nicht nur edle Motive im Spiel waren. Ich konnte einfach nicht akzeptieren, daß ich einem Menschen einmal nicht gerecht werden konnte; daß da jemand enttäuscht von mir war und vielleicht schlecht von mir reden würde. Das kratzte an dem Bild, das ich von mir hatte. Ich war nicht mehr die Frau, die für jeden Hilfesuchenden als Ansprechpartner da war und die ich gerne gewesen wäre. Ich mußte einsehen, daß ich Grenzen hatte und daß es mir schwerfiel, sie zu bejahen. Erst als ich mir verzieh, daß meine Kräfte nicht unerschöpflich waren und daß meine Nächstenliebe geringer war, als ich dachte – erst dann kam ich zur Ruhe.
Ich werde das Neinsagen üben. Dabei weiß ich schon jetzt, daß dabei Pannen passieren werden; daß es manches Mal den Falschen treffen wird und daß es mir nicht erspart bleiben wird, schuldig zu werden.
Manches Mal denke ich, auch Du hast mit dem Neinsagen Deine Schwierigkeiten.
Es ist nicht einfach, Ja und Nein so auszubalancieren, daß weder der Nächste noch man selbst zu kurz kommt.

15. Dezember 1979

Mein Gott, Johannes,
ich halte dieses strapaziöse, schmerzgeplagte Leben nicht mehr aus. Seit Tagen quälen mich Gelenkschmerzen. Meine Bewegungsfähigkeit ist noch mehr als sonst eingeschränkt. Ich bringe die angstmachenden Gedanken nicht los. Sie schwirren mir durch den Kopf wie eine Schar wildgewordener Vögel, die sich durch kein Geschrei vertreiben lassen. Sie führen sich auf wie Tyrannen und nehmen mein Land in Besitz, als würde es ihnen gehören. Das Schlimme ist, daß ich ihr bedrohliches Geschnatter verstehe:
»Wenn deine Glieder weiter steif werden, dann wirst du pflege-

bedürftig. Dann mußt du in ein Heim und alles, was dir lieb geworden ist, verlassen.«
»Was heißt hier, wenn...? Das kommt. Das ist unausbleiblich. Du willst die Wirklichkeit nicht sehen.«
Die Vorstellung von totaler Abhängigkeit bringt mich schier um den Verstand. Was es bedeutet, auf fremde Menschen angewiesen zu sein, das erfahre ich täglich. Aber noch mehr als bis jetzt der Hilfsbereitschaft fremder Menschen ausgeliefert zu sein, das verkrafte ich nicht.
Die Zukunft erscheint mir in den düstersten Farben.
Während ich das schreibe, ist mir, als würdest Du mir diese Gedankengänge verbieten. Ich höre Dich fragen:
»Warum lebst du nicht im Heute?«
Noch wehre ich mich dagegen. Noch diskutiere ich mit Dir und frage Dich aufgebracht, was Du denn von solch einer angstmachenden Zukunft wissen könntest. Aber Du läßt Dich nicht abschieben, Du argumentierst nicht mehr, sondern mahnst nur:
»Tu's!«
Nun gut...
Ich will meine Ohren verstopfen gegen das Geschrei der Zukunftsvögel. Türen und Fenster will ich öffnen und soviel Durchzug machen, daß sie sich unbehaglich bei mir fühlen. Vielleicht verlassen sie mich...

17. Dezember 1979

Lieber Johannes!
Wieder einmal habe ich mir das Programm der Emotions Anonymous vorgenommen:
»*Nur für heute* will ich versuchen, diesen einen Tag zu leben – nicht mein ganzes Lebensproblem auf einmal anzupacken. Ich kann jetzt etwas tun, vor dem ich zurückschrecken würde, wenn ich das Gefühl hätte, ich müßte es mein ganzes Leben durchhalten.«
Ich habe mir das zunächst einmal im Hinblick auf die Schmerzen bewußt gemacht. Ich muß nicht meine ganze Zukunft auf mich nehmen, auch nicht, was die Schmerzen anbetrifft. Es genügt zu wissen, daß ich für heute die Kraft habe. Vielleicht muß ich den Tag sogar in Stunden einteilen. Vielleicht muß ich sagen:
»Für die nächste Stunde kann ich es ertragen... und dann wieder für eine... und noch eine... und noch eine...«

So in Portionen aufgeteilt bleibt es erträglich. Ich weiß, meine Kräfte reichen für heute. Morgen werde ich neue haben. Morgen erst, nicht jetzt schon.
Auch dazu finde ich hilfreiche Worte. Du kennst sie sicher:
»Es gibt in jeder Woche zwei Tage, über die wir uns keine Sorgen machen sollten. Zwei Tage, die wir freihalten sollten von Angst und Bedrückung. Einer dieser zwei Tage ist das Gestern mit all seinen Fehlern und Sorgen, emotionalen und körperlichen Schmerzen. Das Gestern ist nicht mehr unter unserer Kontrolle. Alles Geld dieser Welt kann das Gestern nicht zurückbringen; wir können keine einzige Tat, die wir getan haben, ungeschehen machen. Wir können nicht ein Wort zurücknehmen, das wir gesagt haben. Das Gestern ist endgültig vorbei.
Der andere Tag, über den wir uns keine Sorgen machen sollten, ist das Morgen – mit seinen möglichen Gefahren, Lasten, großen Versprechungen und weniger guten Leistungen. Auch das Morgen haben wir nicht unter unserer sofortigen Kontrolle. Somit bleibt nur ein einziger Tag übrig: Heute!«
Mir ist dieses Leben im Heute wichtig geworden. Aber ich muß es mir immer wieder erneut bewußt machen. Für mich ist es eines der härtesten Lernprogramme. Noch immer bin ich häufig mit meinen Gedanken in der Vergangenheit oder in der Zukunft. Es fällt mir schwer, mich ganz bewußt für die Gegenwart zu entscheiden. Ich brauche Selbstdisziplin, um meine Gedanken zurückzurufen.
Eine besondere Untugend ist, daß ich beim Erledigen einer Aufgabe mich bereits mit der nächsten befasse. Das erfordert doppelte Kraft.
Mir fällt eben ein, wie ein junger Mann einmal aufgebracht zu mir sagte:
»Ich kann nicht zwei Sachen auf einmal denken!«
Er kam mir ziemlich lebensuntüchtig vor, und ich erwiderte:
»Du lieber Himmel, ich muß manchmal vier oder fünf auf einmal denken!«
Ich fühlte mich ihm damals sehr überlegen. Heute meine ich, er habe in seinen jungen Jahren schon weitaus mehr begriffen als ich mit all meiner Vielgeschäftigkeit.
Ich habe in Deiner Klinik viel Lebenshilfe vermittelt bekommen. Euere Hilfe zur Selbsthilfe war für mich manchmal hart und kaum akzeptabel. Ich habe nicht gemerkt, wie viele Samen in mich hineingefallen sind. Du hast darauf vertraut, daß sie aufgehen werden. Mit manchem Samenkorn bin ich achtlos

umgegangen, anderes aber steht in voller Blüte, manches hat Frucht getragen. Meine Briefe an Dich sind wie eine Ernte, die ich voll Dank und Freude einbringe. Sie sind wie ein Erntedankfest, das ich feiere. Ich bin bereit zu teilen. *Mit-zu-teilen*...

Mich hat die Zeit in Deiner Klinik verändert. Ich merke es immer wieder. Das Leben im Heute hat meinen Alltag bereichert und neu werden lassen. Ich vertue meine Kräfte nicht mehr mit sinnlosen Grübeleien. Auch Verletzungen konserviere ich nicht mehr. Ich versuche es wenigstens.

Du hattest mich einmal sehr gekränkt. Ich weiß heute nicht mehr, was es war. Aber ich weiß noch, daß ich dachte:

»Ich werde ihm nie mehr vertrauen. Und auf ihn zugehen werde ich auch nicht mehr.«

Die Kränkung war so groß, daß ich all Deine Zuwendung in Frage stellte. Wenn Du zu dieser Lieblosigkeit fähig warst, dann konntest Du mir gar nicht gut sein; dann war alles eine Täuschung. Ich empfand all Deine Worte, die mir bis dahin geholfen hatten, als unpersönliches, unverbindliches Therapiegerede.

Aber dann fragte ich mich, was eigentlich geschehen war. Du hattest nicht so reagiert, wie ich es erwartet hatte. Gewiß, es war nicht in Ordnung, was Du gesagt hattest. Aber das war heute. Morgen konntest Du schon wieder ganz anders reagieren. Wer sagte mir denn, daß Deine augenblickliche Zurückweisung für alle Zeiten galt? Hatte sie überhaupt etwas mit mir persönlich zu tun? Warst Du vielleicht selbst in Schwierigkeiten?

Ich ging am nächsten Morgen auf Dich zu, offen und ohne Vorbehalt. Ich lachte Dich an und Du nahmst mich in Deine Arme, herzlich und voller Zuwendung.

Es war neu für mich, Kränkungen auf einen Augenblick zu beschränken, sie nicht übergewichtig werden zu lassen. Was war aus der Sorge geworden, ich könnte mir etwas vergeben? Ich brauchte sie nicht mehr, und ich ersparte mir viel Schmerz, viele enttäuschte Gedanken. Mir wurde bewußt, daß ich ein Talent hatte, Kränkungen zu vertiefen, Wunden so zu pflegen, daß sie nicht heilen konnten. Ich durchschaute dieses Spiel, das mein Stolz mit mir trieb, und ich erkannte, daß ich die größten Verletzungen mir selbst beibrachte. Ich gestand Dir zu, daß auch Du Fehler und Schwächen haben durftest; daß auch Du nicht pausenlos geben konntest. Daß ich Dich auf den Thron des be-

rühmten Therapeuten gehoben hatte, war nicht Deine Schuld. Jetzt entthronte ich Dich. Übrig blieb ein Mensch, der verletzte und verletzbar war und der morgen nicht das tun mußte, was er heute getan hatte. Das war tröstlich.
Ich bin froh, daß du ein Mensch bist, der auch nicht alles kann und weiß; einer, mit dem unterwegs zu sein, manchmal schön ist, manchmal belastend. Je nachdem.
Aber eben unterwegs – unterwegs im Heute.

24. Dezember 1979

Dir, lieber Johannes,
heute zu begegnen, ist sicher nicht einfach. Ich höre, wie im Aufenthaltsraum Deiner Klinik viele Stimmen hin und her schwirren. Das ist ein Begrüßen und Sichfreuen! Viele Weihnachtsbesucher sind in die Klinik gekommen, um mit den Gästen den Heiligen Abend zu feiern. Gleich wirst Du Deine Ansprache halten.
In Gedanken sitze ich unter Euch. Es wird sicher nicht viel anders sein als im vergangenen Jahr auch. Eine geschmackvoll geschmückte Tanne wird wieder bis zur Decke ragen. Im Aufenthaltsraum herrscht ein beängstigendes Gedränge. Die Stühle reichen nicht aus, und viele Gäste hocken auf dem Boden. Die Enge stört sie nicht. Im Gegenteil. Das gibt erst die richtige Atmosphäre.
Ich wollte, ich könnte jetzt wirklich dort sein und etwas vom Geist dieses Hauses in mich aufnehmen. Unvergeßlich wird mir bleiben, wie wir im vergangenen Jahr, untergehakt, in Reihen um das Klavier stehend, viele Weihnachtslieder gesungen haben. Es war eine beglückende Gemeinschaft.
Aber Du weißt auch um die Gefahr der Festtage. Du sagtest: »Neurose kennt kein Weihnachten.«
Du ordnetest an, daß auch an den Festtagen die Teilnahme an den Therapiestunden Pflicht sei. Damit hast Du zunächst einiges Befremden ausgelöst. Aber es hat sich sehr schnell gezeigt, wie richtig Dein Beschluß war. Vieles mußte aufgefangen werden, das nie heftiger als gerade an Weihnachten hervorbricht. Kaum einmal sind Menschen einsamer, anfälliger für Gefühle, gefährdeter, als gerade in diesen Tagen. Nie spüren sie ihren Mangel und ihren Hunger nach Liebe intensiver als gerade am Fest der Liebe. Du weißt um die daraus kommende Gefahr. Deshalb hast Du Dein Herz und Deine Klinik weit aufgemacht

für all die Bedürftigen. Du hast sie eingeladen, hereinzukommen, sich zu wärmen, zu essen und satt zu werden.
In welcher Klinik kann man das sonst, daß man an Weihnachten kommt und sagt:
»Da bin ich. Laß mich teilnehmen an deinem Reichtum.«
Keiner wird weggeschickt. Für alle ist Platz...
Johannes, ich wünsche Dir, daß Du im Weggeben Deines Reichtums nicht ärmer wirst und daß auch Du immer all das hast, was Du brauchst. In Gedanken feiere ich mit Euch. Ich weiß mich dazugehörig, und das ist schön.
Ich umarme Dich in herzlicher Verbundenheit.

10. Januar 1980

Lieber Johannes!
Nun ist das neue Jahr schon wieder ein paar Tage alt. Eigentlich wollte ich Dir viel Gutes wünschen. Gleichzeitig wollte ich Bilanz ziehen. Aber im Grunde genommen mag ich es nicht, daß sich all das auf einen bestimmten Tag des Jahres bezieht. Und so ist es unterblieben.
Ich hoffe, Du weißt und spürst ohnehin, daß ich Dich und Deine Arbeit – und Deine Familie! – mit guten Gedanken begleite. Ich weiß nicht, was mit mir los ist, daß ich all das im Moment nur schwer aussprechen kann.
In diesen Tagen hatte ich Besuch von ein paar Leuten, die sehr kritisch rückfragten, was mir meine Therapie denn nun gebracht hätte. An ihren Reaktionen merkte ich, daß es ihnen gar nicht um mich und mein Wohlergehen ging, sondern um ihre sehr geprägten Vorstellungen von Therapie. Sie wußten so genau, was sein durfte und was nicht. Besonders unerträglich erschien ihnen der Gedanke, daß in der Klinik so viel mit Körperkontakt gearbeitet wird. Zwar vermieden sie es, moralische Bedenken zu äußern. Aber ihre Reaktionen waren so, als hätte ich etwas Verbotenes getan, etwas zumindest sehr Fragwürdiges. Frag-würdig ist es sicher, einer Frage würdig. Spüre ich echtes Interesse, erzähle ich gern und sehr ungeschützt. Aber ich habe keine Lust, mich zu rechtfertigen.
Du kennst ja all die Einwände, die gegen Deine Klinik von Uninformierten immer wieder vorgebracht werden. Deshalb gibt es den Tag der offenen Tür; deshalb sind die Vollversammlungen öffentlich. Ich bin so froh, daß Du Dich durch aggressive Äußerungen nicht provozieren läßt, sondern sachlich und qua-

lifiziert Auskunft gibst. Ich weiß, daß es schmerzlich für Dich ist, daß die Klinik bei der Ortsbevölkerung so wenig anerkannt ist. Aber ich hoffe, daß Dir ein Trost ist, daß Menschen aus vielen Ländern sich dafür interessieren und zur Therapie kommen.

Nach dem Weggang meiner kritischen Gäste bin ich noch eine ganze Weile gesessen und habe nachgedacht. Auch ich frage mich manchmal, was hat die Therapie mir wirklich gebracht?

Es stimmt, daß ich in der Klinik Gelerntes nicht ohne weiteres in meinen Alltag übernehmen kann. Die Klinik war ein Übungsfeld, wo ich neue Verhaltensweisen ausprobieren konnte, ohne Angst haben zu müssen, dafür bestraft zu werden. Im gewissen Sinn war sie ein Schonraum, der ein Selbsthilfetraining ermöglichte.

Die Rückkehr in die alten Verhältnisse ist deshalb so hart, weil ich mich verändert habe. Das Umfeld aber ist gleich geblieben.

Du hast einmal ein sehr drastisches Beispiel gebracht, um uns klar zu machen, welche Illusion es sei, zu meinen, beim Nachhausekommen sei der alte Mist weggeräumt. Du sagtest, der Misthaufen liege noch genauso vor unserer Tür, wie wir ihn verlassen hätten. Wir hätten nur gelernt, mit Mist anders umzugehen. Inzwischen wüßten wir, daß man mit Mist düngen kann.

Das war damals für mich fast ein Aha-Erlebnis, obwohl es eine ganz simple Weisheit ist. Natürlich hatte ich mir vorgestellt, beim Zurückkommen würde alles anders sein. Ich würde es mit neuen Augen sehen, und dadurch würde alles verändert sein. Vor meinem Haus würde nicht mehr ein großer Misthaufen liegen, sondern Blumen würden blühen, alles würde sauber und ordentlich aufgeräumt auf mich warten. Das neue Leben würde ein erfreuliches Schmuckstück sein. In diese Illusion hinein sagtest Du:

»Nein! Mist bleibt Mist. Er stinkt nach wie vor, und keiner hat ihn in der Zwischenzeit weggeräumt. Wenn du nach Hause kommst, mußt du die Ärmel aufkrempeln und selber zupacken, wenn du ihn loshaben willst. Du darfst dabei nicht zimperlich sein. Wenn du willst, daß Blumen blühen, mußt du den Mist zum Düngen nehmen und ihn verarbeiten.«

Ver-arbeiten...

Die Arbeit ging also erst an. Dabei hatte ich gemeint, sie wäre getan...

Zwar hatte ich in der Klinik gelernt, Gefühle zuzulassen. Aber

ich hatte keine Ahnung, wie hart es sein würde, dies draußen zu praktizieren.
Vor ein paar Tagen sagte ich einer Frau, mir sei zum Heulen zumute. Sie gab mir viele Hinweise, warum mir das nicht erlaubt sei. Einmal weinte ich wirklich, und es entstand eine sehr peinliche Situation. Die Leute reagierten mit Abwehr. Sie meinten zu wissen, daß ich doch gar keinen Grund zum Weinen hätte. Sie beschwichtigten, streichelten zu und waren ängstlich bemüht, ihre heile Welt nicht ankratzen zu lassen. Neu für mich war, daß ich nicht mit Schuldgefühlen reagierte, sondern wußte, ich habe ein Recht auf meine Tränen. Aber es zeigte mir auch, wie wenig meine Umwelt auf Gefühlsausbrüche vorbereitet war. Sie kannten mich als eine immer beherrscht wirkende Frau. Daß ich einmal die Kontrolle verlieren könnte, war für sie unvorstellbar. Es machte ihnen Angst, und entsprechend reagierten sie. Ich zog mich nicht voller Scham zurück, sondern begann ein Gespräch. Einige diskutierten. Sie redeten sehr gekonnt weg, was sie hätte beunruhigen können. Andere gestanden ein, daß ihnen auch manchmal nach Weinen zumute sei, daß sie aus Angst vor Peinlichkeiten das aber nie wagen würden.
Nicht immer muß ich meine Gefühle zeigen. Aber es ist wichtig für mich, darauf zu achten, wie ich mit ihnen umgehe. Ich bin viel freier geworden, sie zuzulassen, viel aufmerksamer auch, und manchmal sage ich mir:
»Das darf mir jetzt weh tun!«
Ich wehre mich nicht mehr verzweifelt gegen den Schmerz. Ich lasse ihn zu, halte ihn aus. Ich weiß, daß er nicht ewig währen wird. Daß er vorübergeht und daß er, indem ich ihn annehme, seine zerstörerische Macht verliert.
Noch wichtiger ist mir diese Erfahrung im Umgang mit meiner Wut geworden. Ich kann nicht wie in der Klinik auf eine Matte einschlagen und dabei losbrüllen, obwohl ich das manches Mal möchte, weil es ungemein befreiend wirkt. Es ist schon hilfreich, mir das Recht, wütend zu sein, zuzugestehen und mir bewußt zu machen:
»Du mußt nicht alles schlucken. Es ist in Ordnung, daß dich das oder jenes zornig macht.«
Auch Wut gehört zum Leben – auch zu meinem Leben. Ich muß sie nicht in den hintersten Winkel meiner Seele verbannen. Ich darf mich offen mit ihr auseinandersetzen. Dadurch verliert sie viel von ihrer bedrohlichen Macht.

Du hast mich immer wieder einmal gefragt, ob ich meine Behinderung auch wirklich angenommen hätte. Ich habe immer gemeint, wenn ich meine Behinderung wirklich angenommen habe, dann darf mir nichts mehr, was damit zusammenhängt, weh tun; dann darf mich kein Verzicht mehr wütend machen. Dann muß ich abgeklärt und weise sein. Ich habe versucht, das zu praktizieren. Ich habe damit erreicht, daß Menschen mich bewunderten; daß sie anerkennend meinten, ich würde noch lachen, wenn das Haus einfiele. Ich war für sie ein Mensch, der sein Schicksal vorbildlich gemeistert hatte. Es war angenehm für sie, daß ich sie in ihrem Wohlbehagen nicht störte. Ich achtete ihre ungeschriebenen Gesetze und machte mich zum Sklaven ihrer anspruchsvollen Erwartungen. Dabei ging ich sehr unmenschlich mit mir um. Ich wagte nicht zu sagen, daß ich am Verhungern war, daß ich Bedürfnisse und Wünsche hatte wie sie auch. Mein behindertes Leben wurde verhindertes Leben. Ich gab alles, was ich hatte, um ein bißchen Liebe zu erfahren. Ich bekam viel Anerkennung und begriff nicht, daß Anerkennung nicht satt machen kann. Je mehr ich davon bekam, desto hungriger wurde ich. Das erforderte neue, übermenschliche Anstrengungen.

Es war der Glücksfall meines Lebens, daß ich – gerade noch rechtzeitig – Dir begegnet bin. Ich wachte auf aus einer todbringenden Betäubung und begriff, wenn ich leben wollte, wirklich leben, dann mußte ich mit meinen Gefühlen ehrlicher umgehen; dann durfte ich sie nicht mehr verleugnen, sondern mußte sie als zu mir gehörig akzeptieren. Selbst auf die Gefahr hin, daß ich in meinem Bekanntenkreis zum unbequemen Störfaktor werden würde. Leute, die aufwachen, stören in unserer Gesellschaft...

Seine Behinderung annehmen heißt nicht, keine Bedürfnisse mehr zu haben. Es heißt nichts anderes als schlicht einzugestehen: So bin ich, körperlich versehrt, aber trotzdem ein ganzer Mensch. Einer, der weint und lacht, der sich ängstigt und sich freut, der wütend wird und gern lebt. Es heißt: Ich bin liebenswert. Nicht trotz meiner Behinderung, sondern mit ihr. Ich darf mich mögen, so wie ich bin, so krumm gewachsen und gelähmt. Ich weiß, ich bin gut genug, so wie ich bin.

Du weißt, daß mich Deine Frage, ob ich meine Behinderung wirklich angenommen habe, immer geärgert hat. Ich räumte Dir das Recht zu dieser Frage nicht ein. Ich war wütend, daß Du bei meiner heroischen Haltung daran zu zweifeln wagtest.

Hatte ich nicht mehr fertiggebracht, als ein normaler Mensch zu leisten vermag? Ich konnte ehrlichen Herzens sagen, daß ich kein »Warum?« mehr hatte; daß die Behinderung zu meinem Leben gehörte. Sie war nicht das Grundthema meines Lebens, sie war ein Teil von mir, ein augenfälliger Teil, gewiß. Aber zu mir gehörig. So konnte ich Deine Frage bejahen. Aber ich spürte, daß ich Deine Zweifel nicht hatte ausräumen können. Das tat mir weh. Ich fühlte mich unverstanden, weil Du mir Deine Anerkennung versagtest.

Heute weiß ich, daß es viel einfacher ist, als ich es mir gemacht hatte. Ich darf die unmenschliche Tapferkeit aufgeben. Ich muß nicht immer nur lachen. Es ist nicht unrecht, Schmerz oder Wut zu empfinden; es ist nicht beschämend, Angst zu haben. Ich darf mir meine Gefühle erlauben – auch was die Behinderung anbetrifft. Auch dann, wenn es Menschen geben wird, die sie mir nicht zugestehen wollen, weil ich sie damit störe. Ich habe erfahren, daß es andere gibt, die erleichtert feststellen, daß ich ihnen viel näher gekommen bin, weil ich jetzt viel menschlicher wirke. Erst jetzt sei ihnen möglich, mit mir über ihre Probleme und Schwierigkeiten zu sprechen.

An Silvester war ich ausgegangen. Ich war vergnügt und sah den Tanzenden zu. Nach und nach spürte ich, daß meine Gesichtsmuskeln sich anspannten, daß mein Lächeln verkrampft wirkte. Ich registrierte es mit Befremden. Was war plötzlich los mit mir? Ich horchte in mich hinein und merkte, daß ich traurig war. Ich fühlte mich ausgeschlossen. Früher hätte ich mich zur Ordnung gerufen, hätte weiterhin gelächelt und mir bewußt gemacht, daß ich keinen Grund hätte, unzufrieden zu sein. Ich hätte zwei Haken geschlagen und die Welt wäre wieder im Lot gewesen. Scheinbar im Lot gewesen. Jetzt dachte ich:

»Das darf dir weh tun. Das ist ganz normal, daß du nicht immer nur verzichten kannst.«

Ich hörte auf, vor meinen Begleitern Theater zu spielen. Ich sagte, ich hätte keine Lust mehr, zuzusehen, bestellte mir ein Taxi und fuhr heim.

Ich könnte mir denken, daß Du mit diesem Verhalten nicht ganz einverstanden bist. In der Klinik war ja ein ungeschriebenes Gesetz, sich nicht zurückzuziehen, sondern andere daran teilnehmen zu lassen, was einen bewegte.

Ich mochte an jenem Abend die Lebensfreude meiner Begleiter nicht stören. Für mich war schon viel, daß ich mir zugestand, nicht weiterhin bei ihnen aushalten zu müssen. Ich habe mich zu

Hause nicht vergraben, habe meinen Schmerz nicht gepflegt, sondern mich gefragt, was mir – im Rahmen meiner Möglichkeiten – jetzt gut tun würde. Ich legte mir Beethovens Neunte auf und war ganz aufgeschlossen für die Worte:
»Über diesem Sternenzelt muß ein lieber Vater wohnen...«
Seit meiner Klinikzeit kann ich wieder »Vater« sagen. Ich habe das lange nicht mehr gekonnt. Als junges Mädchen habe ich mir das Motto »Ja, Vater!« gewählt. Das »Ja« hatte ich geschafft, an dem Wort »Vater« buchstabierte ich noch immer.
Einmal hast Du mir gesagt:
»Der Vater meint es gut mit dir.«
Es war einer jener seltenen Momente, wo ein Wort einen Menschen genau im richtigen Augenblick erreicht. Ich konnte glauben, daß es einen gab, den ich Vater nennen durfte und der es gut mit mir meinte.
Vorausgegangen war mein innerer Bankrott und der Entschluß:
»Ich will mich aufmachen und zu meinem Vater gehen...«
Ich habe mich aufgemacht. Ich bin zu Hause – endlich daheim. Daraus kommt eine unendliche Freude. Ich bin Kind und Erbe eines sehr reichen Herrn, dem viele Gasthäuser gehören. Ich habe Zutritt und kein noch so mächtiger Türhüter darf mich von der Schwelle weisen. Ich muß mich nur zu erkennen geben. Ich brauche keinen Hintereingang, keine Hintertür. Ich brauche nicht mehr in einer Spelunke einzukehren, aus Angst, hungern zu müssen. Ich kann im Unterwegssein Hunger aushalten in der Gewißheit, immer wieder nach Hause zu kommen, wo der Tisch für mich gedeckt ist.
Das ist *ein* Anteil in mir. Aber in mir ist auch der sinkende Petrus, der zunächst voll Vertrauen den Schritt aus dem sicheren Boot hinaus tat, ungeachtet der tobenden Wellen, und der zu sinken begann, als er auf die Schwierigkeiten und Unmöglichkeiten sah. Ich kann nur – wie er – rufen:
»Herr, hilf mir, ich ertrinke!«
Vielleicht habe ich in der Klinik besser das Rufen gelernt. Ich weiß, daß einer mich hört. Ich weiß, daß es einen gibt, der mich nicht untergehen läßt, auch dann nicht, wenn sich die Wellen haushoch türmen und meine Angst mir die Sicht versperrt.
Dieses Eingeständnis heißt ja wohl:
»Ich komme nicht allein zurecht. Ich brauche einen anderen...«
Es wäre einfach nicht ehrlich, würde ich nicht zugeben, daß ich

damit nach wie vor meine Schwierigkeiten habe. Nicht einmal bei Dir bin ich sicher, ob ich Dir das sagen könnte. Da ist nach wie vor mein verdammter Stolz und die gleichzeitige Angst vor Zurückweisung und Verletzung.
In Gedanken fallen mir jetzt manche Deiner Bibelstunden ein. Ich muß Dir das heute einfach einmal sagen, wie sehr es mich beeindruckte, daß Du an den Samstagnachmittagen Bibelstunde gehalten hast. Daß Du Dir dazu nicht zu gut warst und daß Dir dafür Deine kostbare Zeit nicht zu schade war. Daß Du mit Deinem Leben dahinterstehst, hat man Dir abgespürt. Das machte Dich glaubwürdig. Manch einer, der seit Jahren keine Bibel mehr gelesen hatte, fing an, sie wieder aufzuschlagen und nach langer Zeit wieder einmal einen Gottesdienst zu besuchen.
»Psychotherapie kann nicht heilen!« sagtest Du. Du machtest uns bewußt, daß ein spirituelles, ein geistiges Erlebnis dazu kommen muß.
Dafür möchte ich Dir heute einmal besonders danken, daß Du nicht der heilbringende Arzt bist, dessen Wissen und Können alles macht. Sondern daß Du von Dir wegweist auf einen Größeren. Du hast nie versucht, uns an Dich zu binden. Im Gegenteil. Es war Dir wichtig, daß keine Abhängigkeit entstand. Dir war diese Gefahr sehr bewußt. Du hattest den Drachen menschlicher Eitelkeit in Dir besiegt. Du warst demütig und bescheiden genug, von Dir wegzuweisen und so echte Heilung zu ermöglichen. Du wußtest, daß Du nur Handlanger bist. Du stelltest Dein Handwerkszeug uneigennützig zur Verfügung, gabst Hilfestellung, wo sie nötig war, aber Du hast keinem die Arbeit abgenommen...
Ich habe Dich nie gefragt, ob Du gläubiger Christ bist. Aber ich habe mir bei der Atmosphäre des Hauses manchmal gedacht: »So stelle ich mir christliche Gemeinde vor.«

17. Januar 1980

Lieber Johannes!
Es ist einer jener Tage, die nur schwer zu bestehen sind. In mir ist eine große Leere. Vieles, was ich tue, erscheint mir sinnlos. Aber mir ist heute auch eingefallen, wie Du uns immer wieder ermutigt hast, Goldplättchen zu sammeln, jene kleinen, unscheinbaren Stäubchen, die uns oft so wertlos vorkommen, daß wir sie nicht beachten. Immer wieder hast Du uns die Abraum-

halden unseres Lebens vor Augen gestellt, auf die wir achtlos diese kleinen Plättchen geworfen haben.
Ich habe während meiner Klinikzeit angefangen, Goldplättchen zu sammeln. Zu Beginn ist mir das sehr schwergefallen. Zunächst habe ich nur nach großen Nuggets Ausschau gehalten. Auch hat sich der Abraum meines Lebens übermächtig getürmt. Wenn ich eine kleine Freude festhalten wollte, fiel mir immer wieder ein, was an dem Tag auch alles schief gelaufen war, was schmerzte und sich bedrohlich blähte. Mein Goldplättchen nahm sich winzig dagegen aus. Mit der Zeit wurde aber mein Blick für Gold geschärft.
Ich habe eben das Büchlein zur Hand genommen, das ich damals angefangen habe. Ich habe darin geblättert und gemerkt, daß ich bereits ein kleines Vermögen gesammelt habe. Ich denke beglückt:
»Wie reich bin ich doch!«
Manches hatte ich schon wieder vergessen. Jetzt in der Erinnerung leuchtet es und hat nichts von seinem Glanz verloren. Ein paar von diesen Goldplättchen möchte ich Dir heute zeigen, möchte Dich teilhaben lassen, und im Herzeigen werden sie für mich noch kostbarer als in dem Säckchen, in dem ich sie sammelte. Ich möchte Dir danken, daß Du mir meinen Blick für Gold geschärft hast; danken auch, daß Du mich hast erkennen lassen, daß es nichts bringt, im alten Abraum meines Lebens nun nach all dem verlorengegangenen Gold zu graben. Ich muß den Berg nicht mehr abtragen, sondern darf in der Gegenwart fündig werden.
Bitte freue Dich mit mir an dem Schatz, den ich habe. Ich habe die Erinnerungen wahllos herausgegriffen:

11.12.1978
(In einer Gruppenstunde) Ulrich hat heute gesagt: »Luise schaue ich am liebsten an.« Und Irmgard hat hinzugefügt: »Luise schaut mich so lieb an, wie ich mir immer gewünscht habe, daß mich meine Mutter angeschaut hätte.«

15.12.1978
Johannes hat gesagt: »Es ist schön, daß du da bist. Du bist so lebendig.«

16.12.1978
Die Sonne scheint, und Gräser wiegen sich im Wind.

22.12.1978
Teestunde bei Franz – Kerzenschein – Spitzwegatmosphäre in der Wohnung.

27. 1. 1979
Bibelstunde von Johannes. Nochmals: das weite Land, das ich in Besitz nehmen darf. Ich höre meinen Namen. Es gilt: Gott stellt meine Füße auf weiten Raum...
29. 1. 1979
Strahlend blauer Himmel, sonnenglitzernder Schnee, filigran-rauhreifige Bäume, die in den Morgen atmen.
1. 2. 1979
Johannes hat sich gefreut: »Es ist viel Wärme in dir.«
17. 2. 1979
Abschied. Manfred bringt mir Reiseproviant ans Auto. Tröstliches Wissen: ich werde immer wieder zu essen haben.
10. 4. 1979
Heute hatte ich ein wunderbares Bonding mit dem Frühling: der Frühlingswind streichelte mich, die Sonne liebkoste meine Haare, ein Vogel zwitscherte, Veilchen blühten direkt an der Terrasse. Das Leben ist schön!
15. 4. 1979
Ich machte einen Rollstuhlbummel. Eine unbekannte Japanerin schenkte mir eine Rose. Wir lächelten uns an...
16. 6. 1979
Anties Gastfreundschaft ist beglückend.
19. 7. 1979
Unvergeßliche Abendstimmung im Kloster Maulbronn. Die überfließenden Schalen am römischen Brunnen: »... und jede nimmt und gibt zugleich und strömt und ruht.«
30. 8. 1979
Antie schreibt: »Ich mag dich auch mit deiner Depression.«
26. 9. 1979
Einen flammend-bunten Herbststrauß bei einem Leseabend bekommen.
27. 9. 1979
Die Vollzugsbeamten haben ihren ganzen Gottesdienst mit Texten aus meinem Buch gestaltet.
1. 10. 1979
Es kommen immer wieder Einladungen zu Leseabenden.
2. 12. 1979
Die Sternsinger sangen bei mir. Damit erfüllte sich ein heimlicher Wunsch, von dem niemand wußte.

24.12.1979
Hans schenkte mir einen Bildband vom Meer.
29.12.1979
Ingrid möchte mich zur Freundin...

Johannes, ich wünsche Dir, daß Du viele Goldplättchen in Deinem Alltag findest und daß Du immer den rechten Blick dafür behältst. Wir sind gemeinsam auf dem Weg, uns ein unvergängliches Vermögen anzulegen...

20. Januar 1980

Lieber Johannes!
Den ganzen Tag habe ich mich darauf gefreut, mit Dir wieder ein wenig plaudern zu können. Nun ist so viel los gewesen, daß ich mich müde und erschöpft fühle.
Ich denke eben, es wäre schön, wenn wir uns gegenübersitzen könnten und wenn zum gegenseitigen Austausch die lebendige Begegnung käme.
Ich merke, daß ich heute zu einem Brief unfähig bin. So will ich nur noch einen Auftrag an Dich weitergeben. Ich war zu einem Vorbereitungstreffen an der Evangelischen Akademie in A. für die diesjährige Behindertentagung im Mai. Überraschenderweise wurde mein Themenvorschlag aufgenommen: »Ich bin liebenswert.« Dazu möchten wir Dich als Referenten haben. Die Gruppe meinte, es wäre schön, wenn Du nicht nur am 16.5. zum Vortrag kommen würdest, sondern auch noch am Samstag, dem 17.5., die Gruppe begleiten würdest. Ich wage zwar kaum zu hoffen, daß Du für zwei Tage Deine Zusage geben wirst, aber ich möchte Dir doch auch zu bedenken geben, wie wichtig gerade für Behinderte Deine Gedankengänge zu dem Thema wären. Ich bin sehr gespannt, was Du antworten wirst.

23. Januar 1980

Lieber Johannes!
Dein spontaner Anruf mit Deiner Zusage hat mich sehr froh gemacht. Daß Du so selbstverständlich zugestimmt hast, die zwei Tage zu bleiben, zeigt mir, daß auch Dir die Begegnung mit Behinderten wichtig ist. Ich meine, daß sie mehr noch als andere Menschen Schwierigkeiten haben dazu zu stehen, daß sie liebenswert sind. In unserer Zeit, wo Jugend und Unversehrt-

heit so übergewichtig zählen, kommt es fast einem Wunder gleich, wenn ein behinderter Mensch ein gesundes Selbstwertgefühl entwickeln kann.
Du wirst mir nicht übelnehmen, wenn ich Dir eingestehe, daß ich bei Deiner Teilnahme an der Tagung auch noch einen Hintergedanken habe. Ich meine nämlich, daß die Gespräche mit Behinderten auch für Dich hilfreich sein könnten.
Es gab während meiner Klinikzeit einen Punkt, wo ich mich nie ganz von Dir verstanden fühlte. Nach wie vor meine ich, daß Du die Abwehrmechanismen der Nichtbehinderten unterschätzt. Manchmal hatte ich das Gefühl, Du würdest sie sogar leugnen. Dabei mußte ich mich in der Klinik täglich damit auseinandersetzen. Nicht alle Schwierigkeiten, die ich hatte, waren meine eigenen. Mancher Gast wollte mit Behinderung nichts zu tun haben. Mein Anblick machte ihm ungute Gefühle, die er abreagieren mußte, und so bezog ich manches Mal Prügel, wo ich sie gar nicht verdient hatte.
Eine Frau beantragte, daß ich nach Hause fahren sollte, wenn ich nicht so schnell wie die Nichtbehinderten sein könnte. Eine Mutter beklagte sich, weil ich ihre vierjährige Tochter in den Arm genommen hatte. Die Kleine hatte sich sehr wohl bei mir gefühlt, aber die Mutter ertrug das nicht. Ein Therapeut sagte, ich sei eine enorme Herausforderung für ihn. Er wisse, daß er fünfmal über seine eigene Scheiße springen müsse, um zu mir zu kommen.
Trotzdem meine ich, daß ich mit diesen Menschen umgehen konnte, weil sie sich in irgendeiner Weise stellten. Viel schlimmer waren die Gäste, die mir aus dem Weg gingen. Die über Treppen liefen, weil ich ihnen dort nicht folgen konnte. Gäste, die Stimmung gegen mich machten; die mir unterstellten, ich sei faul und ich könnte viel mehr als ich täte; die wußten, daß ich zuviel Mitleid mit mir habe und die mir übelnahmen, daß ich irgendwann nicht mehr lächelte, sondern meinen Schmerz zeigte. Da war ihre Angst vor Umklammerung; ihre Abwehr, an die eigene Verletzlichkeit erinnert zu werden; ihr Egoismus, der nicht bereit war, mir Hilfe zu geben.
Ich erinnere mich, was für Aufregungen es gab, als Gerhilde das Zimmer mit mir teilen sollte. Sie führte sich so auf, daß wir ihr Problem in der Gruppe bearbeiten mußten. Sie heulte und wehrte sich energisch gegen diese Zumutung, wie sie sagte. Ich redete ihr gut zu, sagte, ich würde verstehen, daß sie Schwierigkeiten damit hätte und sie solle es doch einmal probieren. Wenn

es nicht ginge, könnten wir immer noch weitersehen. In meiner unendlichen Verständigungsbereitschaft erlaubte ich mir nicht, Zorn über dieses hysterische Getue zu empfinden. Mir leuchtete ein, daß es jemandem zu schaffen machte, mit einem Rollstuhlfahrer zusammensein zu müssen.
Heute würde ich ganz ruhig sagen:
»Du bist auch eine enorme Zumutung für mich.«
Dabei muß ich jetzt aufpassen, daß ich zu dieser Aussage wirklich stehe. Das Verständnis für die Empfindungen eines anderen Menschen ist für mich so etwas Wesentliches, daß ich es eigentlich nicht aufgeben möchte. Aber dort, wo sein Verhalten in Unverschämtheit ausartet, da darf ich mich wehren.
Abwehrmechanismen sind vielfältig und oft nur schwer zu durchschauen. Daß Du ihr Vorhandensein nie zugegeben hast, hat mich oft verunsichert und mich in meinem Fehlverhalten, alle Schuld bei mir zu suchen, bestärkt.
Immer wieder suchte ich das Gespräch mit den Gästen und begriff nicht, warum es mir viele verweigerten. Allein durch die architektonischen Barrieren des Hauses hatten sie ungezählte Möglichkeiten, mir auszuweichen. Doch mit der Zeit gelang es mir, Vorurteile abzubauen, normale Beziehungen herzustellen. Aber dann kamen neue Gäste, und alles fing wieder von vorne an. Mich darauf immer wieder aktiv einzulassen, erforderte unendlich viel Kraft. Nicht immer brachte ich die Bereitschaft dazu auf. Im Grunde genommen ging es ja immer wieder um die gleichen Dinge: daß die Nichtbehinderten meinten zu wissen, was ich alles können muß. Ich war es leid, mich zu rechtfertigen. Das hatte allerdings auch sein Gutes: ich gab es auf, immer wieder zu erklären, warum ich das so und nicht anders brauchte. Und noch jetzt spüre ich ein Gefühl der Genugtuung, wenn ich daran denke, daß ich einer jungen, über-mich-bestimmen-wollenden Frau ganz ruhig sagte: »Meinst du nicht, daß ich erwachsen genug bin, um selbst zu wissen, wie ich das brauche?«
Sie gab sich damit nicht zufrieden, aber ich lehnte eine Diskussion über meine berechtigten Bedürfnisse ab.
Nun wirst Du vielleicht fragen, was all das mit Deiner Teilnahme an der Behindertentagung zu tun hat, und ich gebe zu, daß das Nachdenken über Abwehrmechanismen mich verführt hat, abzuschweifen. So wie wir jetzt zueinander stehen, würde ich meinen, Du bist frei von diesen trennenden Mechanismen. Aber mir fällt auch ein, wie wir uns kennengelernt haben.

Es war auf dem Berliner Kirchentag. Ich kam zufällig in die Halle, in der Du mit Alex Funke einen Dialog hattest. Du erzähltest von einer jungen Frau mit einer Rückgratverkrümmung und von Deinen Schwierigkeiten, die Du hattest, sie zu umarmen. Du erwähntest, daß die Frau in der Klinik immer so am Rande mitgelaufen sei. In der übervollen Halle wagte ich nicht, das Wort zu ergreifen, aber mich interessierte brennend, warum die Frau in der Klinik »so am Rande lief«. Ich habe Dir damals geschrieben und gleichzeitig angefragt, ob Du Dir vorstellen könntest, daß ich eine Therapie in Deiner Klinik antreten könnte.
Du hast Dich nie geäußert, was diese Anfrage bei Dir ausgelöst hat. Unbesehen aber wolltest Du mich nicht nehmen. Ich mußte zu einem Vorstellungsgespräch zu Dir kommen, obwohl es für mich sehr schwierig war, eine Fahrtmöglichkeit zu finden.
Während einer Therapiestunde hast Du mir einmal, eingestanden, Du hättest immer Angst, wenn Du mir etwas sagen müßtest. Mich hat ungemein berührt, daß Du Dich so ungeschützt zeigtest, und ich empfand dankbar, daß Du Dich auf Deine Angst eingelassen hast, wieder und wieder. Wir sind ein Stück Weg miteinander gegangen, und ich bin sicher, daß nicht nur ich von Dir gelernt habe, sondern auch Du von mir.
»Du überraschst mich immer wieder!«, sagtest Du einmal, und ich fand es beglückend, daß Du bereit warst, Dich überraschen zu lassen und das Bild, das Du vielleicht von mir hattest, zu korrigieren. Es war ein lebendiges Sich-auf-einander-Einlassen. Es war deshalb so faszinierend, weil es tausend neue Möglichkeiten des Sich-Kennenlernens einschloß. Indem ich Dir begegnete, begegnete ich mir, und ich wußte, indem Du mir begegnest, begegnest Du auch Dir selbst. Es war manchmal aufregend und atemberaubend, im anderen eigene, kaum gekannte Anteile zu entdecken und sie zu bejahen.
Ich weiß, daß ich für Dich heute keine Behinderte mehr bin, sondern ein Mensch, der halt zufällig einen Rollstuhl hat.
Wenn ich trotzdem gespannt bin, wie auf Dich eine Gruppe von ungefähr hundert Behinderten wirkt, magst Du mir das nachsehen. Trotz unserer gemeinsamen Erfahrungen bin ich nämlich nicht sicher, ob Du alle Abwehrmechanismen in Dir ausschalten kannst.
Nimmst Du mir dieses Eingeständnis übel?

10. Februar 1980

Lieber Johannes!
Ich konnte in den letzten Tagen einfach nicht schreiben. Depressive Verstimmungszustände lähmten all meine Aktivitäten, und selbst der Gedanke, mit Dir darüber zu reden, hatte nichts Beglückendes.
Es fing damit an, daß ich früh nicht aus dem Bett kam. Der Tag lag wie ein Zentnerberg vor mir. Wozu mich waschen und anziehen? Ich entdeckte Verwahrlosungstendenzen an mir. Ich gab ihnen zwar nicht nach, aber mir war, als würde ich für die täglich erforderlichen Dinge, die ich sonst im Handumdrehen erledige, all meine Kraft brauchen. Sichwaschen war Schwerarbeit, ebenso das Zähneputzen und Sichanziehen. Das Kaffeekochen ging noch am besten, aber ich hatte im Nu eine erschreckende Unordnung in meiner Küche. Ich konnte all das Durcheinander ertragen, im Gegenteil, ich hatte ein unwahrscheinliches Geschick, es mit ein paar sinnlosen Handgriffen noch zu vergrößern. Besucher waren mir lästig, weil ich dann notdürftig meine Wohnung in Ordnung bringen mußte. Wenigstens nach außen hin wollte ich das Bild der ordentlichen Hausfrau aufrechterhalten.
Zwar gestand ich hin und wieder jemandem, daß ich Depressionen hätte, aber ich stieß nur auf erstauntes Unverständnis. Ich bekam Verhaltensregeln, ich solle mich zusammenreißen, außerdem hätte ich gar keinen Grund, depressiv zu sein. Ich solle an andere denken, die es weitaus schwerer hätten als ich. Meist habe ich dann zugestimmt und wieder gelächelt. Sie hatten ja recht, ich hatte keinen Grund. Ich war weder unheilbar krank, noch hatte ich finanzielle Sorgen. Daß ich hungrig nach Liebe war, verstanden sie nicht.
Irgendwann habe ich dann einmal losgebrüllt:
»Verdammt noch mal, ich habe ein Recht auf meine Depression!«
Erschrockene Blicke, Beschwichtigungen und schneller Aufbruch. Ich blieb einsam zurück und fühlte mich total unverstanden.
Vom Kopf her wußte ich, daß ich hungrig war und essen mußte. Ich habe auch versucht, einigen Leuten telefonisch zu sagen, daß ich sie brauche. Aber sie hatten gerade einen Kuchen im Ofen oder sonst etwas für sie Wichtiges zu tun. Sie würden in 14 Tagen mal vorbeikommen. Ich weiß nicht, warum ich Dich nicht angerufen habe. Ich habe mir immer wieder vorgesagt,

wie viel Du am Hals hast und wie froh Du bist, wenn Du abends Deine Ruhe hast. Ich wollte Dich nicht stören. Aber das Problem war wohl, daß ich mich mit meiner Störung als Störung empfand.
Denkst Du jetzt, ich habe noch immer nichts gelernt?

12. Februar 1980

Lieber Johannes!
Heute ist viel Post gekommen. Ich habe es gern, an den Freuden und Beschwernissen meiner Freunde und Bekannten teilnehmen zu dürfen. An ihren Reaktionen merke ich, daß ich ein gutes Einfühlungsvermögen habe, und sie beschenken mich mit Vertrauen. Es ist schon seltsam, wie meine kleine Stube manchmal ausgefüllt sein kann mit fremdem Schicksal, das mich anrührt und bewegt, das mich beschwingt oder traurig werden läßt.
Ich bin sehr dankbar für meine Fähigkeit, mitfühlen und miterleben zu können und sensibel zu sein für das, was zwischen den Zeilen schwingt.
Nun hat heute ein Brief eine Erinnerung in mir wach werden lassen, die nicht zu den erhebendsten gehört, die ich von der Klinikzeit behalten habe. Eine Freundin schrieb, daß in einem Athener Hotel ein Reifen ihres Rollstuhls geplatzt sei. Sie schildert, wie aufregend und abenteuerlich es war, bis sie ein neues Rad hatte und damit wieder bewegungsfähig war. Ich kenne diese Gefühl totaler Hilflosigkeit und für mich gehört es zu den zermürbendsten Eindrücken.
Es fing alles ganz harmlos an. Wir saßen im Kreis auf Matten und Gottfried, unser Therapeut, schlug vor, ich solle einmal eine Woche von meinem Rollstuhl fasten. Er meinte, es könne hilfreich für mich sein, mich in den nächsten Tagen überall hintragen zu lassen: drei Stockwerke hinauf und hinunter, zum Essen, zur Toilette, in die Gruppen – kurz überallhin. Ich fand, das sei keine gute Idee. Ich wußte um die Gefahren für Hüfte und Wirbelsäule, die allzu leicht bei nichtfachmännischem Tragen gezerrt werden konnten. Von den unvermeidlichen Hüftschmerzen einmal ganz abgesehen. Außerdem sah ich keinen Sinn darin. Der Rollstuhl war ganz bestimmt nicht mein Problem. Für mich war er ein Fortbewegungsmittel, das mir meine Bewegungsfreiheit ermöglichte. Mehr nicht.
Die Gruppe war mit meiner Ablehnung unzufrieden. Sie fand, es könnte eine tolle therapeutische Maßnahme für mich werden.

An die praktischen Auswirkungen, daß Tag und Nacht zwei starke Männer mir zur Verfügung stehen müßten, dachte sie dabei allerdings nicht.
So verfiel der Therapeut auf die Idee, meinen Rollstuhl zu verstecken. Ich ließ ihn gewähren. Die nächsten zwei Stunden brauchte ich das Vehikel ja nicht. Allerdings war ich auch am Ende der Gruppenstunde noch ohne Rollstuhl. Ich bat deshalb einige Gäste namentlich, ihn zu suchen. Sie lehnten ab. Alle liefen fort und ließen mich hilflos auf der Matte zurück, bis auf zwei, die sich endlich bereiterklärten, auf die Suche zu gehen. Sie kamen unverrichteter Dinge zurück. Dann wollten zwei Männer, die aus dem Speisesaal zurückgekehrt waren, mich zum Essen tragen. Ich lehnte ab. Gottfried hielt sich 20 Meter von mir entfernt auf. Ich schrie:
»Gottfried, ich befehle dir, daß du mir meinen Rollstuhl bringst.«
Der Therapeut reagierte überhaupt nicht. Ich hörte plötzlich ein fürchterliches Geschrei. Bernd tobte, er habe den Psychoterror jetzt endgültig satt. Du kannst Dich sicher noch an den großen, vierschrötigen Mann erinnern, der eine Sicherheitsnadel mit Rasierklinge im Ohrläppchen trug. Er neigte zu Gewalttätigkeiten und genoß hin und wieder, daß manche Gäste sich vor ihm fürchteten. Er näherte sich mir. Seine oft furchterregenden Augen waren voller Mitgefühl.
»Komm!«, sagte er weich und wollte mich auf seine starken Arme nehmen. Aber auch dieses Angebot lehnte ich ab. Ich wollte meinen Rollstuhl haben. Für mich war das Verhalten des Therapeuten nicht in Ordnung. Ich empfand die Wegnahme des Rollstuhls als massive Freiheitsberaubung, und ich war nicht gewillt, diesen Machtkampf aufzugeben.
Bernd war auf den Therapeuten so wütend, daß er eine Tür aushängte und damit auf Gottfried losging. Der sagte hinterher, er hätte ihn beinahe erschlagen.
Ich hockte voller Wut auf meiner Matte. Ich hätte losheulen mögen vor Schmerz, vor Zorn, vor Hilflosigkeit und Ohnmacht. Ich empfand es als bodenlose Gemeinheit, was man mir hier antat. Das hatte mit Therapie nichts mehr zu tun. Da wollte mich einer klein und hilflos haben, weil er offensichtlich anders nicht mit mir umgehen konnte. Nach 20 Minuten kam Gottfried und brachte meinen Rollstuhl. Ich ertrug fast nicht, daß der Mann mich anfassen mußte, um mich in den Rollstuhl zu heben. Gottfried sagte triumphierend:

»Du bist 20 Minuten ohne Rollstuhl gewesen.«
Ich konterte: »Und du hast all die Zeit deine Macht genossen.«
Als ich in den Speisesaal rollte, waren fast alle Blicke auf mich gerichtet. Ich setzte mein hochmütigstes Gesicht auf. Ich war nicht bereit, auch nur das geringste meiner wirklichen Gefühle zu zeigen. Gäste sagten mir hinterher, ich hätte ausgesehen wie Napoleon nach einer siegreichen Schlacht. So fühlte ich mich auch. Keinen ging etwas an, daß ich bei diesem Sieg sehr verletzt worden war.
Aber nach dem Essen forderte ich Gottfried zu einem Gespräch auf. Ich meinte, ich hätte ein Recht darauf, seine therapeutischen Maßnahmen erklärt zu bekommen. Er mußte einräumen, er hätte sich gar nichts dabei gedacht. Er hätte nur einmal sehen wollen, was passieren würde. Dieses Eingeständnis erschreckte mich sehr. Ich sagte Gottfried auf den Kopf zu, daß er mit meiner Behinderung nicht umgehen könne und daß er seine Schwierigkeiten auf mich projiziere.
Schade fand ich, daß unser Verhältnis von da ab gestört war. Ich persönlich hatte unter diese Erfahrung einen Schlußstrich gezogen. Ich trug Gottfried nichts nach, und ich versuchte, ihm immer wieder zu signalisieren, es sei von mir aus alles in Ordnung. Aber Gottfried wich mir aus und zeigte deutlich, daß er keine Kontakte mehr zu mir wollte. Wochen später war ihm möglich, mir einzugestehen:
»Du bist eine enorme Herausforderung für mich. An dir merke ich meine eigenen Schwierigkeiten.«
Als das ausgesprochen war, konnte er wieder offen auf mich zugehen. Am Tag meiner Entlassung nahm er mich sehr behutsam in die Arme. Wir schauten uns in die Augen, und wir wußten, es war alles okay.
Ich mußte lernen, daß auch Therapeuten Fehler machen. Dies half mir, ihre Aussagen nicht als unabänderliches Evangelium zu nehmen. Ich lernte, meinen eigenen Gefühlen und Empfindungen zu trauen. Ich entdeckte viele gesunde Anteile in mir, und das machte mich auch im Umgang mit den Therapeuten ruhiger und sicherer. Ich wagte, mich manchen Anordnungen zu widersetzen. Einmal mußte ich vors Team. Dorthin zu müssen, machte den meisten Gästen große Angst. Auch mir erging es nicht anders. Als ich mit Herzklopfen in den kleinen überfüllten Raum der Bibliothek kam, nahm ich als erstes wahr, daß Du nicht da warst. Das löste zusätzliche Ängste bei mir aus.

Von Dir wußte ich, daß Du mir nichts Böses wolltest, bei den anderen Therapeuten und Praktikanten war ich dessen nicht so sicher.
Es ging darum, daß ich auf einen Marathon mit sollte. Ich hatte mir am Tag zuvor die Hütte angesehen und gefunden, daß die äußeren Bedingungen für mich unzumutbar waren. Ich konnte weder auf eine Toilette noch konnte ich die Waschgelegenheiten benutzen. Auch würde ich in dem engen Raum bei der Größe der Gruppe total unbeweglich sein. Ich hätte Tag und Nacht – ca. 60 Stunden – auf einer Matte liegen müssen und wäre in der Rolle eines Säuglings gewesen, der total hätte versorgt werden müssen. Dazu war ich nicht bereit. Ich sah darin keinen therapeutischen Nutzen.
Alle im Team waren der Meinung, daß ich teilnehmen müßte. Sie redeten viel und gescheit, und ich durfte nichts darauf erwidern. Ich merkte, daß kaum einer sich Gedanken machte über meine tatsächliche Situation. Ihre Argumente kamen ihnen leicht von den Lippen. Sie kosteten sie nichts. Ich holte tief Luft und wollte etwas darauf sagen.
»Hör endlich zu!« schrie einer, und ich war sofort wieder still. Spielregeln mußten eingehalten werden, auch wenn es noch so schwerfiel. Für mich wurde die Atmosphäre immer verlogener. Ich hielt das nicht mehr aus.
»Mir stinkt, wie das hier läuft.«
»Hör zu!«
»Ich habe jetzt ein Vierteljahr meinen Mund gehalten. Jetzt ist es an der Zeit, daß ich endlich rede. Jetzt hört ihr mir einmal zu.«
Selbst der Vorwurf, ich würde anklagen, brachte mich nicht aus dem Konzept. Irgendeiner spürte, daß das echt war, was da aus mir herausbrach. Er ermutigte mich und meinte, es sei gut, daß ich endlich anfinge zu reden und sie auf ihre Schwierigkeiten mit mir hinwiese. Es wurde ein emotional ehrliches Gespräch, bei dem es nicht mehr darum ging, ob ich am Marathon teilnehmen würde oder nicht.
In der Vollversammlung am nächsten Tag warst Du mit meiner Absage, am Marathon teilzunehmen, nicht einverstanden. Du wolltest eine Begründung. Die lieferte ich Dir, kühl, sachlich. Ich sprach nicht davon, daß ich Gäste gefragt hatte, ob sie eine Bettpfanne leeren würden, und daß sie das verneint hatten. Ich wehrte mich nicht gegen das verlogene Getue der Gruppe, ich hätte neue Erfahrungen machen können. Dich machte das un-

heimlich wütend, und Du schriest mich vor über 100 Leuten an, so laut und unbeherrscht, wie ich Dich noch nie erlebt hatte. Zwar hatte ich das Gefühl, Du wolltest erreichen, daß ich mir endlich nicht mehr alles gefallen lasse und zurückschreie. Aber ich wagte es nicht. Ich sah Dich nur an, fest und scheinbar ruhig. Das war Dir zuviel.
»Schau mich nicht so an!« brülltest Du.
Obwohl mir Dein Verhalten ungemein weh tat, lächelte ich. Die Situation war zu grotesk. Mich erfüllte mit Genugtuung, daß ich Deinen Blick ausgehalten hatte, bis zuletzt, bis Du weggeschaut hast. Ich wußte, meine Entscheidung war richtig. Was nicht richtig war, war, wie ich sie begründet hatte. Ich hätte von meinen Gefühlen reden müssen, dann hättest Du mein Verhalten akzeptiert.
Daß es so schwer ist, emotional offen zu sein!
Dir zuliebe hätte ich gerne meine Entscheidung rückgängig gemacht. Ich wünschte, Du möchtest mit mir zufrieden sein. Ich hatte Sorge, Du würdest mir Deine Zuwendung entziehen, falls ich nicht so reagieren würde, wie Du es von mir erwartest. Ich hatte immer Angst, Du könntest mir vorwerfen, ich würde nicht genügend mitarbeiten. Ich habe lange gebraucht, bis ich begriff, daß nicht Du, sondern ich selbst mich zu Höchstleistungen antrieb. Und dies, obwohl Du einmal zu mir gesagt hattest:
»Laß Dir Zeit. Du gehörst auch zu den Leuten, die immer meinen, sie müßten alles möglichst schnell und möglichst perfekt können.«
Es fiel mir nicht leicht zu meiner Entscheidung zu stehen. Erschwert wurde dies noch durch das Verhalten mancher Gäste, die mir immer wieder einreden wollten, was ich für tolle Erfahrungen hätte machen können und welche Chance ich vertan hätte. Ich mußte mir erst klar machen, daß ich nicht immer das Letzte von mir fordern mußte. Die Überforderung beherrschte ich. Was ich viel weniger konnte, war, gut zu mir zu sein und meinem Körper nicht alle Strapazen zuzumuten. Vorwürfe, ich würde zu wenig hart mit mir umgehen, waren deshalb für mich eine enorme Anfechtung. Aber dann machte ich mir klar, daß jede Entscheidung neue Erfahrungen ermöglichte, wenn ich nur offen dafür sein würde. Wichtig war nur, sich nicht treiben zu lassen, sondern bewußt eine Entscheidung zu treffen und dafür dann auch die Verantwortung zu übernehmen.
Daß dann ausgerechnet diese Tage, an denen ich eigentlich auf

der Hütte zum Marathon hätte sein sollen, für mich sehr wichtig waren, beeindruckt mich noch heute.
Die Hälfte der Gruppe war zurückgeblieben, und wir 35 Gäste sollten mit Roland und Andreas arbeiten. In der emotionalen Gruppe war viel Aggression. Zunächst beobachtete ich das ziemlich unbeteiligt. Als wir aber aufgefordert wurden, dem Nebenmann zu sagen, was wir fühlen, war plötzlich wieder der Satz da:
»Es kotzt mich an!«
Was kam da alles hoch! Ja, es kotzte mich an: Das Zusehen-Müssen – das Warten – Das-sich-nicht-fortbewegen-Können – mein Hunger – meine Sehnsucht – die Gleichgültigkeit der Nichtbehinderten – ihr Egoismus. Was gäbe es hier alles aufzuzählen. Aber die auslösende Ursache war gleichgültig. Wichtig war, daß ich zu meinen Basisgefühlen kam. Ich war wütend. Zwar wurde ich beim Schreien lauter und lauter. Aber noch immer war der Kopf eingeschaltet; noch immer kontrollierte ich mein Verhalten und erlaubte mir nicht, ganz Wut zu werden. Gleichzeitig spürte ich einen unheimlichen Bewegungsdrang, den ich nicht in Aktion umsetzen konnte. Ich hatte den kaum bezähmbaren Wunsch, auf etwas einzuschlagen.
Ich flüchtete mich in Hagens Arme und weinte – weinte vor Zorn, vor Wut, vor Hilflosigkeit. Scham überspülte mich. Ich bemühte mich, meine Fassung wiederzuerlangen. Ich trocknete meine Tränen und lachte Hagen an:
»Entschuldige!«
In der Gruppe war viel Aktion. Jeder war mit seinem Partner beschäftigt. So hoffte ich, daß mein Ausbruch weiter nicht bemerkt worden wäre. Einen Augenblick wünschte ich, mich mit einem Therapeuten weiterzuwagen. Aber ich beschloß, es für diesen Tag genug sein zu lassen.
Andreas, der Therapeut, zu dem ich am wenigsten Kontakt hatte, mußte mich wohl beobachtet haben. Er kam auf mich zu, lächelte und sagte unverfänglich:
»Willst du noch etwas für deinen Rücken tun?«
Seine Hand lag auf meiner Schulter, und er merkte, wie verspannt ich war. Zwar verspürte ich keine große Lust. Ich hatte bereits am Morgen eine Stunde Krankengymnastik absolviert, und das reichte mir. Andererseits interessierte mich, wie Andreas arbeiten würde. Er entfernte sich und kam mit einem Tennisschläger zurück. Er ließ Maria und Hagen eine Matte in Sitzhöhe halten und forderte mich auf, darauf einzuschlagen und

einen Ton dabei zu machen. Meine Schläge wurden immer kräftiger, weitausholender und wütender. Ich schlug und schlug und schlug und ich schrie immer wilder, immer unkontrollierter. Ich war wie von Sinnen. Ich konnte nicht mehr denken. Ich war kopf-los. Gleichzeitig spürte ich ungeahnte Kräfte in mir. Mein Atem jagte, ich keuchte, mir blieb die Stimme weg. Nach und nach hörte das Würgen im Hals auf. Mein Schrei kam ganz lokker und tief aus dem Bauch. Ich war ganz Wut, ganz Schrei. Die Anweisungen des Therapeuten hörte ich, als kämen sie von weither. Ich war weggetreten, außer mir und doch gleichzeitig ganz bei mir. Langsam merkte ich, wie meine Wut umschlug. Mich überraschte ein Gefühl ungemeiner Kraft. Es machte mir Spaß, weitauszuholen und mich in der Bewegung lustvoll zu erfahren. Irgendwann warf ich den Tennisschläger weg, riß meine Arme hoch und im Schrei schwang Freude mit, Befreiung, Glück. Ich zitterte am ganzen Körper. Ich schämte mich dieses Zitterns nicht, ich ließ es zu und spürte einen Strom von Energie. Andreas zog meine Arme immer wieder nach oben, ließ mich nach seinen Händen greifen. Ich packte zu und spürte, daß ich nehmen konnte, daß ich es durfte, und mir war, als würde ich wachsen, größer werden.

Ich lehnte mich erschöpft an Andreas, der mir beruhigend den Rücken massierte. Ich fühlte eine große Schwäche in allen Gliedern, die aber nicht unangenehm war.

Als ich zum Essen ging, war ich noch immer wie von Sinnen. Ich mußte mich überall festhalten, weil ich mich so schwerelos und leicht fühlte, so, als könnte ich weggeweht werden. Wer immer mir in den Weg lief, den umarmte ich. Es war wichtig für mich, zu spüren, daß ich nicht allein war; daß Menschen da waren, die mich auffingen, die mir Wärme gaben. Zum ersten Mal überlegte ich nicht mehr, ob das dem anderen denn nicht unangenehm sein könnte. Ich nahm mir, was ich brauchte, und ich bekam es. Dies war ein ganz elementares Gefühl. Es war fast wie ein Frühlingssturm, der der Vorbote neuen Lebens ist. Als ich am Nachmittag im Komitee davon berichtete, bekam ich spontan Beifall. Kathrin stand auf, umarmte mich und sagte, so schön hätte sie mein Gesicht noch nie gesehen.

Ich wußte, ich hatte etwas sehr Großes erlebt. Etwas, was wichtig für mein weiteres Leben sein würde. Ich mußte einmal ganz Wut werden, um zu lernen, wie ich mit ihr umgehen muß. Heute brauche ich sie nicht mehr ausagieren. Es ist wichtig für mich, daß ich sie in mir zulasse; daß ich sie nicht als etwas Nega-

tives empfinde, sondern als den Motor, der positive Kräfte freisetzen kann. Ich habe erlebt, daß meine Wut mich nicht umbringt. Mich nicht und keinen anderen.
Allerdings muß ich gestehen, daß ich es hilfreich empfinden würde, wenn ich manchmal in meiner Wohnung, wenn ich allein bin, losbrüllen könnte. Der Nachbarn wegen wage ich es nicht. Dabei wäre dies solch ein sinnvolles Ventil. Du sagtest uns ja auch immer wieder, daß durch den Schrei chemische Veränderungen im Körper stattfinden. Meiner Meinung nach könnten damit viele Verspannungen gelöst werden. Kinder reagieren da noch ganz unverbildet, wenn wir es ihnen nur erlauben.
Das therapeutische Werkzeug des Schreis hat bei mir viel bewirkt. Es hat mir ermöglicht, mich selber einmal loszulassen und ganz in Kontakt zu meinen Basisgefühlen zu kommen.
Auch wird mir mancher Schrei eines Gastes unvergeßlich bleiben. Gar oft konnte ich mich mit ihm identifizieren. Nicht immer war es nötig, selbst zu arbeiten. Das Mitdabeisein, das Mitfühlen und Miterleben waren ergreifende Erlebnisse. Einen anderen Menschen emotional offen zu erleben, war ein unwahrscheinlich kostbares Geschenk und ermöglichte nonverbale Kommunikation, wie wir es in unserer oberflächlichen Konsumgesellschaft nur noch selten erfahren dürfen.
Vielleicht sollte ich noch erwähnen, daß mein Arbeitserlebnis mit Andreas noch aus einem anderen Grund für mich wichtig war. Im nachhinein stellte sich meine Entscheidung, nicht am Marathon teilzunehmen, als richtig heraus. Ich mußte nicht erst zu einer rollstuhlfeindlichen Hütte, um neue Erfahrungen machen zu können.
Jede Entscheidung enthält eine Chance. Ich werde an der Weggabelung in unbekanntes Land nie wissen, was der Weg, für den ich mich entschieden habe, bringen wird. Wichtig ist, daß ich eine Entscheidung treffe und dann weitergehe und nicht zögernd und zweifelnd stehenbleibe. Vielleicht denke ich im Weitergehen:
»Hätte ich nicht doch den linken Weg wählen sollen? Vielleicht wäre er ebener, glatter gewesen. Vielleicht hätte er kein Geröll enthalten, keine Steigung, keine Beschwernisse.«
Aber auch der gewählte Weg erschließt sich, wenn ich nur sehen will, daß hinter der Wegbiegung ein sonnenbeschienener Baum steht; daß nach dem steilen Anstieg sich Berggipfel zeigen, daß...

Es kommt auf den Blick an, auf das Sicheinlassen, auf die Haltung...
Ich habe gewagt, mich für mich und gegen die Gruppe zu entscheiden. Und ich wurde belohnt. Daß es das gibt, ist ermutigend. Mir ist, als hätte ich mein Land in Besitz genommen. Es gehört mir. Jeder kann meinen Namen hören.
Ich bin Luise!
Und – ich bin liebenswert.
Noch heute kann ich das nachfühlen, und noch heute weiß ich, daß ich damals etwas Wichtiges gelernt habe. Ich darf das nie vergessen.
Durch das Schreiben an Dich ist es wieder ganz lebendig geworden, und ich finde es gut, daß ich Dir solche Erfahrungen mitteilen darf.
Ich denke eben, es ist beglückend, wieviel Reichtum in mir ist. Ich möchte ihn mit Dir teilen...
Der Brief ist lang geworden, fast zu lang. Aber ich konnte nicht mitten in diesem Erinnerungsprozeß aufhören. Das verstehst Du sicher.
In mir ist beim Schreiben ein intensives Gefühl der Wärme und Dankbarkeit wach geworden. Es erfüllt mein ganzes Sein, und ich wünsche mir, daß ich etwas davon Dir weitergeben darf und daß Du spürst, wie wichtig das Erzählen für mich war.
Hab Dank, Johannes, daß Du mir zugehört hast.

20. Februar 1980

Lieber Johannes!
Manchmal habe ich Sorge, ich könnte mich wiederholen. So mag mein mehrmaliges Erzählen über meine Erlebnisse mit der Wut für Dich ähnlich klingen. Für mich aber waren beide Erfahrungen sehr wesentlich. Ich könnte die eine nicht einfach durch die andere ersetzen. Wenn ich meinen Therapieprozeß wirklich durcharbeiten will, so dürfen Wiederholungen nicht ausgespart bleiben. Ich kann ohnehin das tägliche Auf und Ab des Klinikalltags nur schwer vermitteln.
Es ist ja nicht so, daß es nur Höhepunkte gab oder nur Fehlschläge. Dazwischen lagen jeweils viele Tage mit mühsamer Kleinarbeit, Übungen in ständiger Wiederholung. Tage, an denen scheinbar nichts geschah. An denen ich Sorge hatte, ich könnte zu wenig gearbeitet haben, ich könnte faul und therapieunfähig sein. Sie waren manchmal nur schwer zu ertragen,

weil meine Ungeduld wünschte, es möge schneller vorwärtsgehen, und weil ich auch immer wieder die Unzufriedenheit meines Therapeuten zu spüren bekam. Er versuchte, mich vorwärtszutreiben, und nach vier Wochen meinte er, ich hätte genügend Zeit gehabt, etwas für mich zu tun. Ich solle nach Hause fahren und vielleicht ein ander Mal wiederkommen. Vorausgegangen war eine Auseinandersetzung am Morgen, so daß ich das Gefühl hatte, er wolle mich loshaben. Unsere ständigen Schwierigkeiten miteinander gingen ihm auf die Nerven.

Du hattest mich ein paar Stunden zuvor ermutigt, mir Zeit zu lassen. Ich hatte mit Dir gearbeitet, und Du spürtest wohl meinen ehrlichen Willen, mich voll und ganz einzubringen. Daß das nicht so gelang, wie ich es wünschte, war für Dich kein Grund, mich zu rügen. So wehrte ich mich gegen Werners Absicht. Er drohte dann damit, daß ich vors Team müßte. Allerdings blieb mir dies erspart. Vermutlich hast Du seinem Antrag nicht zugestimmt.

Werner, der noch sehr jung war, war offensichtlich mit mir überfordert. Mehr als einmal war ich versucht, darum zu bitten, einem anderen Therapeuten zugeteilt zu werden. Dann aber ließ ich alles beim alten, weil man zum Glück in den Therapiestunden die Woche über immer wieder mit anderen Therapeuten zu tun hatte. So habe ich mehr als einmal gedacht:

»Eigentlich ist die Situation in der Klinik auch nicht wesentlich anders als im täglichen Leben. Mit dem einen kann man besser umgehen, mit dem anderen weniger.«

Für mich war Werner ein Prüfstein für meine Fähigkeit mich zu wehren. Er sah in mir seine Mutter, mit der er Schwierigkeiten hatte. Manchmal dachte ich, er möchte seine Mutter umbringen. Es ist dann auch einmal eine unglaubliche Geschichte passiert.

Eine junge, sehr verwöhnte Frau warf mir immer wieder vor, ich würde mich viel zuviel bedienen lassen. Sie kehrte ständig die vornehme Dame heraus, der alle Welt alles mögliche schuldig war. Daß ihr die gewünschte Bewunderung verwehrt wurde, machte sie sehr aggressiv. In einer Gruppenstunde sagte sie, sie möchte mich erwürgen. Aber anstatt sie mit diesem Satz arbeiten zu lassen, wollte Werner ihr tatsächlich ermöglichen, ihre Hände um meinen Hals zu legen. Er versicherte, er würde aufpassen, daß mir nichts passiere. Ich allerdings weigerte mich und antwortete, soviel Vertrauen

hätte ich nicht zu ihm. Mir ist heute noch unverständlich, warum er der Frau nicht eine Kleenex-Packung zum Würgen in die Hände gab.
Daß ich Dir das jetzt erzähle, löst ein ungutes Gefühl bei mir aus. Einmal, weil ich Werner bei Dir nicht anschwärzen möchte. Zum anderen, weil ich an diesem Beispiel merke, daß Therapie nicht immer ungefährlich ist.
Mir ist sehr bewußt, daß es hätte schlimm ausgehen können, wenn Werner mein einziger Therapeut gewesen wäre. Er war ungemein hart in seinen Anordnungen, und ich merkte, daß er in mir die negativen Anteile verstärkte. So fing ich an, mich gegen ihn zu wehren. Ein paar Mal haben wir versucht, verbal auszutragen, was da ablief. Meist ging es dann eine Weile wieder besser, bis sich die Atmosphäre wieder so aufgeladen hatte, daß einer den anderen nicht mehr ertrug. Ich hatte das Gefühl, Werner könnte sich einfach nicht in mich hineinversetzen. Ich empfand fast immer das Gegenteil von dem, was er angeblich beobachtet hatte. Für mich brachte das eine ganz merkwürdige Orientierung: immer wenn ich anders fühlte, als Werner dies erwartete, lag ich meiner Meinung nach richtig.
Schon zu Beginn unserer Begegnung hatte er mich falsch eingeschätzt. Ich teilte ihm sachlich mit, daß ich nie mehr ohne Schmerzen sei. Worauf er erwiderte, er empfinde mich als ungemein klagend. Wochen später warf er mir vor, ich hätte ihm verschwiegen, daß ich auch beim Sitzen im Rollstuhl Schmerzen hätte. So war es mit vielen Dingen. Er hörte einfach nicht, was ich wirklich mitteilte. Bezeichnend für ihn war, daß er mir gegenüber immer wieder betonte, wieviel er um die Ohren habe. Wer kann mit Ohrenschützern noch hören?
Wunderst Du Dich, wenn ich eingestehe, daß ich im Grunde genommen Werner ganz gern mochte? Mir tat er manchmal leid, wenn er so danebentappte und so wenig sensibel war für Gefühle, die man nur intuitiv erspüren konnte. Ich begriff, wieviele Schwierigkeiten er mit sich selbst hatte und daß auch er noch nicht gelernt hatte, damit offen in der Gruppe umzugehen.
Mir haben die Auseinandersetzungen mit Werner nicht geschadet. Im Gegenteil. Er hat mich davor bewahrt, therapeutenhörig zu werden. Er war für mich das Korrektiv, das ich brauchte, um nicht blind zu vertrauen. An ihm habe ich außerdem gemerkt, wie stark ich war und wieviele Kräfte und Fähigkeiten mir zur Verfügung standen. Ich konnte mich wehren,

ohne selbst verletzen zu müssen. Ich mußte Werner nicht klein machen, mußte ihn nicht für unfähig erklären, um selbst existieren zu können. Ich konnte zulassen, daß er das nicht hatte, was ich brauchte. Ich sah ein, daß er mir nichts schuldig war, und ich mußte ihn als Therapeut nicht erpressen. Es fiel mir nicht schwer, manches Mal ein gutes Wort für ihn zu haben. So vermochte er irgendwann zuzugeben, daß er mit mir überfordert sei.
Besonders schön fand ich, daß wir vor einigen Wochen bei meinem Besuch in der Klinik spontan und offen aufeinander zugegangen sind und uns ehrlich am Wiedersehen freuten.
Johannes, ich hoffe, diese Ausführungen ärgern Dich nicht. Zwar könnte ich mir vorstellen, daß Du wünschst, in Deiner Klinik möchte immer alles in Ordnung sein. Ich verstehe, daß Du nur fähige Therapeuten beschäftigen möchtest, denen nie ein Fehler unterläuft. Aber ich traue Dir zu, daß Du ehrlich genug bist, einzusehen, daß dies ein stark überhöhter Anspruch wäre. Auch in Deiner Klinik wird nur mit Wasser gekocht. Und das ist gut so. Trotzdem meine ich, daß es einen grundsätzlichen Unterschied zu den meisten Kliniken gibt. Normalerweise kommt ein Patient mit einem, höchstens zwei Ärzten in Kontakt, und wenn die sich irren, dann steht es schlimm um den Patienten. In Deiner Klinik sind es acht bis zehn Therapeuten, mit denen jeder Gast ständig zu tun hat. Was dem einen nicht auffällt, das registriert bestimmt der andere. Das hat noch einen anderen Effekt, den ich gut finde: unter so vielen Augen kann sich ein Gast nur schwer durchmogeln. Spätestens nach 14 Tagen ist einer, der sich nur erholen und nicht mitarbeiten will, durchschaut.
Mir hat immer Herzklopfen bereitet, mit welcher Konsequenz Du solche Leute nach Hause schicktest. Dabei war Dir wichtig, dem Betroffenen zu vermitteln, dies sei keine Strafe, sondern liege in seinem eigenen Interesse. Mich hat immer wieder bewegt, daß die Kliniktür von innen nach außen offen ist, aber eben auch von außen nach innen. Manch einen, der mit dem sogenannten Kofferpacksyndrom abgereist ist, hast Du wieder aufgenommen, wenn er einsichtig zurückkam. Manchmal war sein Bett schon wieder belegt, dann ordnetest Du hin und wieder sogar eine Notaufnahme an. Ehrlicher Wille und starke Motivation wurden immer honoriert, nicht nur bei den Ärzten, sondern auch bei der therapeutischen Gemeinschaft. Keiner wurde gehänselt, wenn er reumütig zurückkam. Im Gegenteil.

Meist war es, als würde ein Aufatmen durch die Gruppe gehen.
Ich habe einmal einem Engländer geholfen seinen Koffer wieder auszupacken. Ich hatte gehört, daß er abreisen wolle. Ich ging zu ihm und wir haben drei Stunden miteinander geredet. Es war ein hartes Stück Arbeit, ihn zu überzeugen, daß er eine einmalige Chance vertun würde. Als er dann die letzten Wäschestücke in den Schrank zurücklegte, machte er einen gelösten, fast heiteren Eindruck. Wir waren beide erleichtert.
Mich hat das Kofferpacksyndrom nur ein einziges Mal überfallen. In einer schlaflosen Nacht versuchte ich meine Abreise zu organisieren – nicht wirklich, nur in Gedanken. Ich hätte eine Reihe von Leuten gebraucht, die mir dabei behilflich gewesen wären. Ich konnte mich ja nicht einfach in den nächsten Zug setzen. Mit dem Taxi nach Hause zu fahren, erschien mir zu teuer. Kurzum, ich sah, wieviele Schwierigkeiten das mit sich bringen würde, und ließ es sein.
Vielleicht hat mir dabei geholfen, daß ich an sich kein Mensch bin, der davonläuft. Ich habe mich in meinem Leben vielen schwierigen Situationen gestellt. Nicht immer bin ich siegreich daraus hervorgegangen. Aber ich habe mich zumindest vor einer Auseinandersetzung nicht gedrückt.
Du weißt, wieviele Fluchtmöglichkeiten es bei einer Therapie gibt. Nicht immer habe ich durchschaut, daß ich auf der Flucht war. Manch eine Hintertüre habe ich geöffnet, ohne zu begreifen, daß ich vor mir selbst davonlief. Ich wußte nicht, daß ich in einem Haus mit unzähligen Hintertüren wohnte. Ich meinte, es wären Türen ins Freie. Aber sie gingen in Hinterhöfe, in Kellerlöcher. Manchmal allerdings auch zunächst in einen Garten, aber dann kam sehr bald eine unüberwindliche Mauer. Ich mußte lernen, mir mein Lebenshaus genauer anzusehen, besser auf meine Schritte zu achten und mir bewußt zu machen, daß es kein noch so angstmachendes Ereignis gab, das eine Flucht durch eine Hintertüre rechtfertigte. Denn all diese Türen erwiesen sich bei näherem Hinsehen als bedrohliche Fallen. Meine Fenster zur Straßenseite zu öffnen, machte mir Angst. Dort war das pulsierende Leben. Es gab nur eine Tür, durch die zu gehen sich lohnte: ehrliches Umgehen mit meinen Emotionen. Manchmal war diese Tür verquollen und öffnete sich nur schwer. Manchmal hatte ich den Schlüssel verlegt und mußte ihn erst suchen. Manchmal hatte ich die Tür mit Hausrat verstellt und mußte sie erst freiräumen. Im Umgang mit meinen

Gefühlen war ich manchmal wie eine unordentliche Hausfrau. Wie eine Schlampe, denke ich eben und ich weiß nicht, ob auch Du das kennst.
Dabei wird Ordnung in meinem Leben so groß geschrieben. Ich mag bei mir keine unaufgeräumte Wohnung. Freilich bin ich nicht sicher, ob dies wirklich mit Ordnungsliebe zusammenhängt oder ob sich das im Laufe der Jahre so ergeben hat, weil ich kräftemäßig eine ganze Wohnung nicht aufräumen kann. Wenn ich aber jedes Ding gleich wieder an seinen Platz tue, dann übersteigt das nicht meine Fähigkeiten.
Ich habe vor einigen Wochen einen Professor der Psychologie kennengelernt. Er sah aus wie ein Landstreicher. Sein ausgefranster, vergammelter Mantel beschäftigte mich noch zwei Stunden, nachdem der Mann abgereist war. Er war ein Original in seiner Art. Ich habe fasziniert seinen Worten gelauscht, seinen umwerfenden Humor in mich getrunken und habe etwas von einer unendlichen Freiheit gespürt. Das hat mich mit Neid erfüllt. Nicht nur mit Neid, sondern auch mit einer ganz großen Sehnsucht nach so viel Unabhängigkeit. Er konnte es sich leisten, so aufzutreten. Er war Pio, auch wenn ihn nur Lumpen umgaben. Sein heiteres Wesen schimmerte durch alles hindurch, ließ die äußere Armseligkeit vergessen vor all dem Reichtum, den er ausstrahlte.
Ich dachte, wie viel bei mir dazugehört, ehe ich mich sicher fühle und jemand bin. Es stört mich, wenn meine Haare fett sind oder meine Kleider nicht makellos sauber. Irgendein Schmutzfleck, unterwegs zugezogen, verunsichert mich, hemmt mich, läßt mein Selbstwertgefühl sinken, macht mich unfrei und gibt mir einem anderen gegenüber ein Gefühl der Unterlegenheit. Mein Rollstuhl muß geputzt sein, ich mag ihn nicht vergammelt und die Rostflecken an ihm stören mich sehr. Ich empfinde sie wie den Schmutz an ungeputzten Schuhen.
Ich möchte nicht der Gammelei das Wort reden. Ich meine nach wie vor, daß es schön ist, wenn jemand sich elegant anzieht, wenn seine Kleidung sauber ist, wenn Rock und Bluse geschmackvoll kombiniert sind. Nur: daß es für das Selbstwertgefühl so dringend nötig ist, das finde ich falsch.
Ich bleibe Luise, auch wenn meine Haare fettig sind, auch wenn ich nicht nach dem letzten Schrei der Mode gekleidet bin. Mein Wert hängt davon nicht ab. Ich hätte viel gewonnen, wenn ich das in meinen Alltag umsetzen könnte; wenn ich

wüßte, daß ich grundsätzlich liebenswert bin und nicht erst dann, wenn ich soundsoviele äußere Voraussetzungen erfülle. Ich fürchte mich vor dem Eingeschätztwerden. Denn natürlich weiß ich, daß es eine Illusion ist zu meinen, der andere – vielleicht ein Gegner! – würde mein Aussehen nicht registrieren.
Ich sehe Pio vor mir, mit welcher Sicherheit und Selbstverständlichkeit er vor eine Gruppe fremder Leute trat. Manche lachten über ihn und einige haben sich hinterher auch ganz schön über ihn mokiert. Nur: an Pios Selbstwertgefühl hat das nichts geändert. Er ruhte in sich und bezog seinen Humor nicht von der Anerkennung der Leute. Er war ganz er selbst und das beeindruckte mich.
Es ist schon merkwürdig, was mir alles einfällt, wenn ich Dir schreibe. Vielleicht ist es manchmal so, als würde ich vom Hundertsten ins Tausendste kommen. Ich hoffe, daß Dich das nicht stört. Für mich ist gerade dieses unvorprogrammierte Erzählen ein Hinweis auf die Lebendigkeit unserer Beziehung.
Ich muß nicht Sorge haben, daß Du Noten austeilst und meine Briefe nach Ausdrucksvermögen und schriftstellerischen Fähigkeiten beurteilst. Ich weiß, daß Du sie herzlich und gut aufnimmst; daß Du freundschaftliche Empfindungen dabei hast, und ich meine, erst dann erschließen sich meine Gedanken wirklich. Sie vertragen kein Sezieren, kein kühl distanziertes Beobachten. Sie sind in ihrer Offenheit verletzlich und deshalb auf große Behutsamkeit angewiesen.
Für mich ist im Moment wichtig, daß meine Briefe nicht an den weitbekannten, sehr geschätzten Therapeuten gehen, sondern an einen Freund, der sie in sein Herz und in sein Leben hineinläßt.
Johannes, wenn Du diesen Brief gelesen hast, dann bleib noch ein Weilchen still sitzen. Spür meine Hand, wie sie sich in die Deine schmiegt; spür mein Vertrauen und meine Zuwendung. Laß mich, wenn ich gehe, in Deine Augen schauen und lies in meinen das, was ich nicht mit Worten sagen kann...

23. Februar 1980

Johannes,
haben Dir in den letzten Tagen nicht die Ohren geklungen? Maria hat mich besucht. Sie kam mit ihrem Mann und war kaum wiederzuerkennen. In ein paar Tagen wird sie aus Deiner Klinik entlassen. Mich bewegt, was der zweimalige Aufenthalt bei

Maria alles bewirkt hat. Ich sehe sie noch vor mir, als ich damals in Deine Klinik kam. Selten einmal hatte ich solch ein lebloses, erstarrtes Gesicht gesehen wie bei dieser Frau. Es wirkte fast tot. Ich wagte tagelang nicht, sie anzusprechen. Sie strahlte eine Kontaktabwehr aus, die entmutigend war. Nach und nach gelang es mir, mit ihr ins Gespräch zu kommen. Sie war sehr stark selbstmordgefährdet und wollte einfach nicht leben. Nach Wochen gingen kleine Veränderungen im Gesicht dieser Frau vor sich. Da war überraschend ein Augenblitzen, ein scheues Lächeln. Ich merkte immer mehr, daß Maria einen trockenen Humor hatte und eine faszinierende Beobachtungsgabe. Kaum jemand arbeitete so redlich in den Gruppen wie sie, aber auch kaum jemand hatte so große Schwierigkeiten, das Leben zu bejahen. Mehr als einmal habe ich gezittert, wenn sie in ihrem Selbstzerstörungstrieb in die Wälder lief. Einmal habe ich eine ganze Nacht nicht geschlafen, weil ich nicht wußte, daß sie um Mitternacht zurückgekommen war. Sie schloß mit ihrem Therapeuten einen Vertrag, der von Tag zu Tag erneuert werden mußte: daß sie leben wolle. Nur diesen einen Tag. Sie wollte oft den Vertrag nicht erneuern.

Mit der Zeit habe ich mich mit Maria angefreundet. Mit kaum jemandem bin ich öfter in der Klinik zusammengewesen. Maria war für mich ein hilfreicher Partner, weil sie mir ehrlich mein Fehlverhalten spiegelte. Ich bemühte mich, es umgekehrt ebenso zu tun. Keiner ließ dem anderen seine Spielchen durchgehen. Das war nicht immer leicht. Manchmal hatten wir auch genug davon, auch genug voneinander. Aber das hielt nie lange an.

Maria plagte häufig das Kofferpacksyndrom. Ich glaube, sie stellte damals den Rekord darin auf. Alle paar Wochen war ein Auszug aus der Klinik fällig. Sie hatte dann alles satt, wollte nicht mehr und provozierte manche Aufregung. Aber sie kam immer wieder zurück. Und Du hast sie jedes Mal wieder aufgenommen.

Maria brauchte viel Liebe. Manchmal habe ich mit Neid gesehen, wie sie von allen Therapeuten Zuwendung bekam, und auch die Gruppe mochte ihre mütterliche Art. Ganz langsam wurde Marias Gesicht offener und weicher. Ihre Bewegungen verloren das Eckige, Ungraziöse. Sie fing an, sich zu ihrem Vorteil zu verändern. Sie tat Schritt für Schritt vorwärts. Allerdings hatte sie einen furchtbaren »Bock«. Der stand ihr immer wieder im Wege, wenn irgend jemand etwas von ihr forderte. Sie wußte

das und gab das auch ehrlich zu. Mit ihrem Trotz lag sie in ständigem Kampf.
Dann wurde ich entlassen. Einen Tag danach brach Maria ihre Therapie ab. Sie rief mich von Zuhause an, und ich war verzweifelt, weil sie offensichtlich aufgegeben hatte. Ich hatte Angst um sie. Mit der Zeit merkte sie, daß sie noch nicht genug gelernt hatte, um ein sinnvolles Leben führen zu können. So entschloß sie sich nach einem halben Jahr, nochmals in die Klinik zurückzukehren. Sie tat es mit großen Ängsten. Sie wußte, daß sie einige bis dahin noch immer gemiedene Probleme angehen und bearbeiten mußte, und sie war nicht sicher, ob sie das auch wirklich wollte.
Ich habe Maria fast nicht wiedererkannt, als sie in diesen Tagen vor mir stand. Sie war eine strahlende, lebensbejahende Frau, schick angezogen, mit einem ganz lebendigen Gesicht. Ich mußte sie immer wieder anschauen. Mir kam diese auffallende Veränderung wie ein Wunder vor.
Als ich aus der Klinik entlassen wurde, hatte Maria mir ein Buch geschenkt, in das sie schrieb:
»Nach dem Leben-leben-Lernen kommt das Leben-lieben-Lernen.«
An ihr sah ich, daß das stimmte. Sie mußte erst lernen zu leben. Jetzt fing sie an, das Leben zu lieben.
Maria erzählte mir unter anderem, daß sie mit Dir und einigen Gästen und Therapeuten im Spielkasino von Baden-Baden war. Sie hatte Glück im Spiel, und Du schriebst ihr in das Kasinoheft:
»Du bist in jeder Beziehung eine gewinnende Frau geworden. Laß mich an Deinem Gewinn teilhaben.«
Maria hat sich eingelassen auf Veränderung und hat gewonnen.
Johannes, verstehst Du, daß mich bei aller Freude eine beklemmende Angst überfällt? Wir wissen beide, daß die Klinik ein Schonraum ist und daß die Bewährung erst draußen beginnt. Wir wissen beide, daß Maria erhebliche Schwierigkeiten im zwischenmenschlichen Bereich hat. Vielleicht muß sie sich von ihrem Mann trennen. Sie hat keinen Beruf und ist nicht mehr jung. Sie hat jetzt erspürt, wie Leben sein könnte. Wird sie ertragen, wie Leben – ihr Leben – ist?
Nun magst Du natürlich mit Recht sagen, diese Bewährungsprobe haben alle Gäste vor sich. Keiner von uns findet eine veränderte Umwelt vor. Ein Alkoholiker kommt in keine alko-

holfreie Umgebung. Ein Freßsüchtiger wird sich täglich mit seinen Eßgewohnheiten auseinandersetzen müssen. Für einen Süchtigen gibt es keine Heilung. Alles hängt von seiner Einstellung, von seiner Haltung ab.
Maria war todessüchtig. Wird das bleiben? Teilweise hat sie ihren Körper zerstört. Das ist nicht mehr zu ändern. Damit muß sie leben. Wird sie es können?
Vielleicht wäre ich beruhigter, wenn Maria nicht ganz so strahlend wäre. Ich meine, eine gewisse Euphorie zu spüren, und die erschreckt mich. Andererseits schätzt Maria ihre Situation sehr realistisch ein.
Ich schäme mich meiner Sorgen und Befürchtungen, die ich habe. Mit nichts möchte ich diesen beachtlichen Erfolg schmälern.
Freu Dich daran!
Immer wieder kommen Ehemalige in Deine Klinik, um Dir zu zeigen, wie sehr sich ihr Leben verändert hat. Daß auch die anderen kommen dürfen, die nach wie vor ihre Schwierigkeiten haben und die nicht so erfolgreich ihre Therapie abschließen konnten, spricht für den Geist des Hauses.
Heute hat Gudrun angerufen. Ich habe damals ein paar Wochen mit ihr das Zimmer geteilt. Sie hatte immer wieder Angst, sie könnte sterben, und ich werde nie vergessen, wie sie sich in meine Arme warf und bettelte:
»Erzähl mir, wie schön das Leben ist.«
Sie klammerte sich an mich und ihre Todesangst nahm mir schier den Atem. Ich erzählte ihr von einem Tanzerlebnis, wo mich ein Freund auf seine starken Arme genommen hatte und mit mir tanzte. Ich schilderte die Lebensfreude in allen Farben und redete gegen meine eigene Beklemmung an. Nach und nach wurde Gudrun ruhiger. Sie entspannte sich. Sie sah mir in die Augen und rief beglückt: »Luise! Ich lebe! Ich *lebe*!«
Ich werde nie vergessen, wie intensiv ich in diesem Augenblick das Leben spürte, seinen ganzen Reichtum, seine Fülle, seine Einmaligkeit. Ich wußte, es ist ein Geschenk, ein sehr bedrohtes Geschenk. Aber vielleicht gerade in dieser ständigen Gefährdung durch den Tod auch besonders kostbar.
Gudrun erzählte heute, es ginge ihr wechselhaft. Sie habe nach wie vor ihre Schwierigkeiten, aber sie könne jetzt besser damit umgehen.
Da ist wieder, was Du uns so oft vermittelt hast:
Es ist die Einstellung, die alles verändert.

Ich versuche das in meiner Behindertenarbeit immer wieder zu vermitteln. Aber ich erfahre, daß die meisten Menschen sich nicht ändern wollen. Sie meinen immer wieder, an ihrem Zustand seien die Umstände schuld. Und dafür haben sie tausend Gründe. Freilich weiß ich aus eigener Erfahrung, wie schwer es ist, diese falsche und krankmachende Lebenseinstellung aufzugeben.
»Ändere deinen Sinn!«
Das will kaum einer. Und doch ist es notwendig. Not-wendend.
Ich bin immer wieder überrascht, wieviele Kontakte zu ehemaligen Klinikgästen geblieben sind. Eigentlich müßte ich genauer sagen: sich hinterher entwickelt haben. Es kommen immer wieder Anrufe, und ich finde, daß der Austausch über das augenblickliche Ergehen hilfreich sein kann. Es ist wichtig, sich gegenseitig immer wieder zu ermutigen, weiterzumachen, sich auch durch Rückschläge, Rückfälle nicht verunsichern zu lassen, sondern zu wissen: ich bin auf dem rechten Weg. Hin und wieder muß ich etwas ändern. Manchmal brauche ich Menschen, die mich ein Stück weit begleiten, die mir ihre Liebe geben oder ihre Härte. Je nachdem.
Während ich dieses schreibe, fällt mir auf, daß ich eigentlich doch wieder sehr in mein altes Verhalten zurückgefallen bin. Ich bin da, wenn ein Anrufer mich braucht, und ich freue mich, wenn einer sagt:
»Das hat mir jetzt gut getan, daß du zugehört hast.«
Ich selber aber bringe es kaum einmal fertig, jemanden zu bitten:
»Du, ich brauche dich!«
Zwar rufe ich aus diesem Bedürfnis heraus manchmal jemanden an. Aber ich ziehe mich sofort zurück, wenn ich auch nur im geringsten spüre, der andere hat jetzt keine Zeit. Ich habe noch nie fertiggebracht zu sagen:
»Du, ich bin jetzt wichtiger als dein Kuchen im Ofen.«
Ich erinnere mich, wie Du mich einmal gerügt hast:
»Du meinst immer, jeder müßte wissen, was du brauchst. Und wenn er das nicht errät, dann ziehst du dich wie eine Schnecke zurück.«
Mir fällt eben auch ein, wie Andreas die ganze Gruppe einmal mit dem Satz hat arbeiten lassen: »Ich brauche dich!«
Wir sollten das unserem Nebenmann sagen. Ich blieb übrig, ich hatte keinen und schrie es in den Raum. Das tat so unend-

lich weh, daß ich es nicht mehr aushielt. Ich schlich mich davon. Es war das einzige Mal, daß ich eine Gruppe verlassen habe. Lieber wollte ich allein sein und die Schale um mich herum wieder ganz dicht machen, bevor ich so verletzlich war.
Ich weiß, daß ich Dich brauche, Johannes...
Bitte höre es...

28. Februar 1980

Lieber Johannes!
Ich bin eben aus Norddeutschland zurückgekommen. Ein Tagungszentrum in der Nähe von Bremen hatte mich gebeten, ein Wochenende über mein Buch zu übernehmen. Das steht jetzt so einfach da. Aber es mußte vieles abgeklärt werden, bis ich fahren konnte. Eine behinderte Freundin stand mir dann als Fahrerin zur Verfügung. So unterwegs zu sein – auf einer solch weiten Strecke – ist schon abenteuerlich, weil keiner von uns das Auto verlassen kann. Wir mußten also darauf vertrauen, daß es unterwegs keine Situation geben würde, zu der wir unsere Füße brauchen würden.
Auf der Hinfahrt machten wir in Hannover Zwischenstation. Ich hatte dort in einem Behindertenzentrum eine Lesung. Wir waren schlecht untergebracht, obwohl der Leiter geschrieben hatte, man würde alles tun, damit wir uns wohlfühlen könnten. Ich dachte voll Zorn, wie niedrig man die Bedürfnisse Behinderter doch ansetzt. Aus allem spürte ich die Einstellung des Hauses, daß wir doch froh sein durften, daß man uns überhaupt aufgenommen hatte. Entsprechend schwierig war auch meine Lesung. Der Leiter wiederholte demonstrativ, daß ich für ihn nicht behindert genug sei. Mich machte das zwar ärgerlich, weil er damit kundtat, daß ich eigentlich nicht mitreden könnte und von Schwerstbehinderten keine Ahnung hätte. Aber ich blieb leider der höfliche Gast, der den hingeworfenen Fehdehandschuh nicht aufnahm.
Hätten mir Schwerstbehinderte den Vorwurf gemacht, ich hätte ihn akzeptiert, wäre ganz still gewesen und hätte zugehört, was sie mir zu sagen gehabt hätten. Daß ein Nichtbehinderter wagte, mir vorzuwerfen, ich sei nicht behindert genug, empfand ich als unglaubliche Unverfrorenheit. Dieser Situation war ich nicht gewachsen. Vielleicht hatte der Mann Angst, ich könnte Unruhe in sein Heim tragen, und versuchte deshalb, mich mundtot in der Diskussion zu machen. Es war ein unbe-

friedigender Abend, zumal die anwesenden Behinderten sich leider kaum zu Wort meldeten. Vielleicht konnten sie es sich in ihrem Abhängigsein nicht leisten, Stellung zu beziehen.
Ich bin mit recht bitteren Gedanken aus diesem Haus weggefahren und verspürte zu der bevorstehenden Tagung in der Nähe von Bremen kaum noch Lust. Was sollte ich schon Behinderten sagen können? Ich war ja nicht behindert genug. Du hast sicher Mühe zu begreifen, daß dieser Vorwurf mich treffen konnte. Ich verstehe es selber kaum.
Ich wurde bereits erwartet. Blumen standen im Zimmer, ein Körbchen mit Obst und verschiedene Getränke. Mir hatte Unbehagen bereitet, daß mit der Leiterin kein Programm abgesprochen war. Zwar hatte ich einige Kapitel aus meinem Buch ausgesucht, aber ich war nicht sicher, ob sie geeignet sein würden. Die Leiterin gestand, daß auch sie vor mir Angst gehabt hätte. Sie würde gerne die und die Kapitel haben...
Da lachte ich. Es waren genau die, die ich ausgewählt hatte. Sich gegenseitig aufeinander abzustimmen, war nicht mehr schwierig. Die Gruppe selbst nahm mich offen und herzlich auf.
Ich will Dir jetzt nicht die Tagung erzählen. Nur soviel: Es ist für mich rundum eine erfreuliche Erfahrung mit vielen Gesprächen und Begegnungen gewesen.
Auf der Rückfahrt war herrlichstes Vorfrühlingswetter. Ich kann Dir gar nicht sagen, wie ich das genossen habe. Nach dem langen Winter habe ich all die Schönheit tief in mich aufgesogen. Ich merkte, wie ausgehungert ich war...
Schrieb ich Dir eigentlich, daß ich im April nach Israel fliegen werde? Jörg Zink hat mir angeboten, mich mit einer Gruppe von Buchhändlern mitzunehmen. Ich bin einerseits sehr glücklich, einmal nicht mit Behinderten reisen zu müssen. Andererseits sehe ich natürlich auch all die Probleme, die auf mich zukommen werden. Aber davon will ich heute abend nicht mehr berichten.
Durch meine Reise ist viel Arbeit liegengeblieben. Ein Stapel Briefe wartet auf Beantwortung, und ich will mich all den Anforderungen nicht entziehen. Auch wenn ich zugeben muß, daß ich viel lieber noch ein wenig mit Dir plaudern würde. Aber nicht immer kann ich nur meinem Vergnügen nachgehen.
Auf baldiges Wiederhören, Johannes.

1. März 1980

Lieber Johannes!

Heute bin ich mit ganz schwerem Kopf aufgewacht. Quälende Träume plagten mich die Nacht über, ließen mich aufschrecken aus unruhigem Schlaf. Aber ich kann mich an ihren Inhalt nicht mehr erinnern.

Dafür sind zwei frühere Träume um so lebendiger, die ich Dir erzählen möchte, weil sie mit meiner Therapie zu tun haben.

In den Wochen, ehe ich in die Klinik ging, habe ich viel geträumt. Meist waren es sehr belastende Träume, die alle etwas aussagten über meine Angst vor der mir bevorstehenden Zeit. Einmal träumte ich, daß ich mit einer Gruppe zusammen war. Wir malten. Mein Bild war ungemein hell, viel lichtes Gelb. Irgendwann ging das Malen in Tanzen über. Es waren Paare, die miteinander tanzten. Ich sah eine ganze Weile zu, und das machte mir zunächst auch Spaß. Als sich dann aber die Paare umarmten, fühlte ich mich ausgeschlossen. Ich hatte den Wunsch, dazuzugehören. Ich ging auf einzelne zu und bat:

»Nehmt mich doch auf! Ich brauche euch!«

Aber überall erlebte ich Ablehnung und Zurückgewiesenwerden. Da ging ich zu denen, die auch allein waren und abseits standen. Ich hoffte, bei ihnen Gemeinschaft zu erfahren. Aber auch sie wiesen mich zurück. Ich wandte mich wieder meinem Bild zu. Aber mit Schrecken mußte ich erkennen, daß es sich verwandelte. Die lichte Farbe wurde förmlich aufgesogen von einem tiefen, beklemmenden Schwarz, das sich vom Rand her immer weiter auf den Mittelpunkt zubewegte. Am Schluß war ein Sarg daraus geworden, der nur noch einen schmalen Streifen Gelb enthielt. Aber dieses Licht leuchtete aus dem Sarg und verhinderte, daß er sich ganz schließen konnte.

Ich will jetzt gar nicht versuchen, diesen Traum zu deuten. Meiner Meinung nach zeigt er ziemlich unverschlüsselt meine damalige Situation.

Überraschend für mich war, daß ich während meiner Klinikzeit nur ein einziges Mal mit dem Gefühl erwachte, geträumt zu haben. Zwar weiß ich, daß es keinen traumlosen Schlaf gibt, aber die Nächte erschienen mir so. Um so eindrücklicher war mir deshalb am Ende meiner Therapie ein Traum, den ich noch jetzt als sehr beglückend empfinde:

Ich stand auf einem unendlich großen Schiff. Vor mir dehnte sich die grenzenlose Weite des Meeres. Da wurde ein Sarg über die Reling geworfen. Es dauerte lange bis er auf dem Wasser

aufschlug. Dadurch wurde mir das Ausmaß des Schiffes erst richtig bewußt, und es beeindruckte mich tief, daß ich auf solch einem gewaltigen Schiff unterwegs war. Ich hörte, wie der Sarg auf dem Wasser aufklatschte, sah wie er in die Fluten eintauchte und bemerkte, wie das Wasser viele Kreise zog. Nach einer Weile war es wieder glatt und unbewegt wie zuvor. Ich stand und sah in die Weite, die mich mit einem unendlichen Gefühl der Freiheit erfüllte. Ich wußte, ich war unterwegs zu neuen Ufern, zu neuen Begegnungen, zu einem neuen Leben – zu meinem Leben, zu meinem Land, das mir gehörte. Ich wußte, ich war auf dem Weg nach Hause. Ich saß nicht im Rollstuhl an der Reling. Ich stand sicher und aufrecht.
Allerdings war dieses Stehen nicht ungewöhnlich. Denn im Traum befinde ich mich fast nie im Rollstuhl, ich bin dort fast immer unbehindert. Ich kann laufen und springen und tanzen. Nur in einer Zeit, als ich in der Behindertenarbeit viele Anfeindungen und Schwierigkeiten erfuhr, gehörte auch der Rollstuhl zu mir. Ich erlebte ihn mit zerschnittenen Reifen, mit defekten Rädern. Ich wurde behindert gemacht, indem man mir meine Bewegungsfreiheit zerstörte.
Ich meine, daß gerade meine Träume, in denen ich nicht behindert bin, zeigen, daß ich meine Behinderung angenommen habe. Ich fühle mich als ganzer Mensch.
Könntest Du das auch so sehen? Oder hast Du Einwände dagegen?

10. März 1980

Lieber Johannes!

»Blick in die Welt
und lerne leben,
bedrängt Gemüt.
Braucht nur ein Tauwind
sich zu heben
und alles blüht.«

Mit diesem Vers von Rudolf Alexander Schroeder möchte ich Dich heute herzlich grüßen. Ich habe das Gefühl, daß meine Briefe an Dich sich verändert haben; daß sie nicht mehr so sehr mein Therapieerleben widerspiegeln, sondern daß ich Dich mehr und mehr an meinem Alltag teilnehmen lasse.
»Braucht nur ein Tauwind sich zu heben...«

Ich liebe diese Verszeile. An sie habe ich mich in schwierigen Situationen manches Mal erinnert. Da kommt ein Tauwind, und alles ist verändert. Dort, wo harsche Winterkälte scheinbar das Leben gefangenhielt, blüht es plötzlich.
Ich hatte heute ein intensives Bonding mit dem Frühlingswind, der mir durchs Haar fuhr und meine vom Winter blassen Wangen streichelte. Ein Vogel probte ein Frühlingslied. Schneeglöckchen erfreuten mich, und ich sah den ziehenden Wolken nach. Ich habe ihnen Grüße an Dich mitgegeben, leichte, luftige und lustige Grüße. Ich kann heute nicht in Fragen und Probleme untertauchen.
Nur eines möchte ich Dir sagen: Ich bin heute sehr glücklich. Es ist nichts Außergewöhnliches geschehen. Ich bin nur in der Sonne gesessen und habe geträumt...

15. März 1980

Lieber Johannes!
Die Koffer sind gepackt. Ich bin ein wenig erschöpft davon, und deshalb wird es auch heute kein ausführlicher Brief. Ich will Dir nur vor meiner Abreise noch einen herzlichen Gruß schicken, der Dir zeigt, daß ich an Dich denke.
Wohin ich fahre?
Ich vergaß, es Dir zu erzählen. Ich habe eine Lesewoche in Oberfranken und beginne damit in Coburg. Meine Gefühle sind gemischt. Einerseits freue ich mich darauf, andererseits habe ich natürlich auch Sorge, ob ich all das einigermaßen gut überstehen werde: jede Nacht in einem anderen Bett. Dazu die Sorge, ob die Fahrtmöglichkeiten klappen und ob die zur Verfügung gestellten Autos geeignet sein werden. Du weißt ja, daß ich meiner Wirbelsäule wegen nicht jeden Autotyp vertrage. Auch muß ich mich auf lauter unbekannte Menschen einlassen, was das Helfen anbetrifft. Ich werde also immer wieder von neuem erklären müssen, was ich kann und was nicht, was ich brauche und wie ich es brauche. Ich kann nur hoffen, daß die Zimmer einigermaßen rollstuhlgerecht und ausreichend beheizt sind.
Vielleicht wunderst Du Dich jetzt, daß mich soviele Sorgen um die technischen Dinge bewegen. Vielleicht vermißt Du meine Angst vor den Lesungen, vor den Gesprächen und Diskussionen. Ich darf Dir gestehen, die ist – zumindest im Moment – nicht übermäßig groß. Ich weiß zwar, daß ich nach wie vor vor

dem Beginn eines Abends zittern werde. Ich werde auch Herzklopfen oder Bauchweh haben. Aber ich weiß auch, daß ich ein gutes Gespür für Menschen besitze und daß ich meist den Ton treffe, der eine gelockerte Atmosphäre ermöglicht. Wichtig ist, daß ich offen bin für die Anliegen meiner Hörer, daß ich nichts wegdiskutiere und verfälsche, daß ich eigene Schwierigkeiten eingestehe und beim Namen nenne. Ich weiß zwar, daß ich es nicht im voraus in der Hand habe, wie solch ein Abend verläuft, aber ich weiß auch, daß ich Kraft genug mitbringe, ihn so zu akzeptieren, wie er sich ergibt.
Vor einem Jahr wären mir solche Abende noch völlig unmöglich gewesen. Ich kann nur immer wieder dankbar denken, wie reich und erfüllt doch mein Leben geworden ist, indem ich Schritte über meine Angst hinaus getan habe. Wenn mir die Therapie sonst gar nichts gebracht hätte als dieses Vor-einer-Gruppe-reden-Können, schon dies wäre ein großartiger Erfolg.
Ich weiß, daß Du Dich mit mir freust. Manchmal ist mir bei solchen Leseabenden, als würdest Du mir Deine Hand auf die Schulter legen, ermutigend und auch ein wenig stolz. Daraus kommen mir Ruhe und Sicherheit, dort, wo ich in alte Verhaltensweisen zurückzufallen drohe.
Laß Dir's in der Zwischenzeit gutgehen. Es wird wohl 14 Tage dauern, bis ich wieder schreiben kann.

29. März 1980

Lieber Johannes!
Ich habe schlimme Wochen hinter mir. Von meiner Lesereise bin ich krank zurückgekommen. Ein Auto, das ich nicht vertrug, und ein Diätfehler lösten heftige Koliken aus. Ich konnte den letzten Leseabend nur unter scheußlichsten Schmerzen durchstehen. Der kalte Schweiß stand mir auf der Stirn, und ich schaffte es nur unter Aufbietung aller Willenskräfte, die Diskussion in dem überfüllten, schlecht belüfteten Saal einigermaßen zu bewältigen. Noch in der Nacht mußte ein Arzt geholt werden. Er riet dringend zur Heimfahrt. Vermutlich müßte ich ins Krankenhaus, meinte er. Es war Wochenende. Der am Sonntag diensthabende Arzt kam. Ich will Dich nicht mit Krankengeschichten langweilen. Mir ging und geht es wirklich dreckig. Aber nun ist außerdem noch etwas ganz Schlimmes passiert. Mein langjähriger Arzt ist überraschend mit 45 Jahren

gestorben. Trauer und Wut mischen sich. Ich finde es sehr egoistisch, daß ich nun ratlos frage, was mit mir wird.
In 14 Tagen beginnt meine Israelreise. Daß ich ernsthaft überlege, zu Hause zu bleiben, wirst Du verstehen können. Der Gedanke, ich könnte im fremden Land in eine Klinik müssen, versetzt mich schier in Panik. Eigentlich fühle ich mich so schwach und elend, daß ich gar nicht an Reisen denken darf. Eine junge Frau hat mir heute angeboten, mir bis zu meiner Abreise täglich ein Mittagessen zu bringen, damit ich wieder zu Kräften komme. Sie ist eigentlich die einzige, die mich ermutigt, den Flug zu wagen.
Als ich aufgeben wollte, las ich in den Losungen:
»Gehe... in ein Land, das ich dir zeigen will.«
Mir benimmt diese Aufforderung mit ihrer Verheißung schier den Atem. Ich weiß nicht, ob ich so viel Glauben aufbringen kann. Ich bin auch nicht sicher, ob ich dieses Wort so persönlich nehmen darf. Trotzdem, trotz aller Zweifel, will ich es damit wagen...
Du mußt mich deshalb nicht bewundern. Ich bin gar nicht so zuversichtlich, wie das jetzt klingt.
Heute war eine Frau bei mir, die mir unmißverständlich zu verstehen gab, welch große Zumutung ich schon allein durch meine Behinderung für eine Gruppe wäre. Die Gruppe würde mich als Belastung empfinden, und sie verstehe in keiner Weise, daß ich Dinge wolle, die für mich einfach unerreichbar bleiben müßten. Es war eine sehr fromme Frau, und ich wendete eingeschüchtert ein, daß ich es einfach im Vertrauen auf diese Verheißung wagen wolle. Immerhin hätte ich nicht gebettelt, mich mitzunehmen, sondern Jörg Zink hätte mir von sich aus dieses Angebot gemacht. Die Frau wurde heftig und ärgerlich und sagte, so könne man Glauben nicht auslegen. Ich hätte zu Hause zu bleiben.
Wundert es Dich, daß all meine eigenen Ängste in mir wieder aufstiegen? Wie oft habe ich mir ausgemalt, wir würden unterwegs sein und mit dem Rollstuhl irgendwo nicht weiterkommen. Dann wäre die ganze Gruppe in ihren Unternehmungen blockiert. Das wollte ich auf keinen Fall. Außerdem waren keine rollstuhlgerechten Hotels gebucht. Würde ich zurechtkommen? Über die täglichen Strapazen habe ich keine Illusionen. Zwar beziehe ich ein, einmal einen Tag aussetzen zu müssen und im Quartier zu bleiben, aber würde ich die große Hitze vertragen? Das Busfahren? Die vielen steinigen Wege?

Eigentlich spricht alles dafür, zu Hause zu bleiben, zumal mein augenblicklicher Gesundheitszustand wirklich nicht der beste ist.
Johannes, was würdest Du mir raten?

5. April 1980

Lieber Johannes!
Mir hat Dein Anruf gutgetan. Zwar kannst auch Du mir die Entscheidung, ob ich reisen solle oder nicht, nicht abnehmen. Aber Deine Stimme klang so zuversichtlich und ermutigend, daß ich Dir einfach danken möchte. Du kannst nicht ermessen, wieviele positive Kräfte Du in mir geweckt hast. Zwar fühle ich mich nach wie vor noch sehr schwach und keineswegs gesund. In mir wächst die Gewißheit, daß ich diese Reise niemals in eigener Regie unternehmen kann. Ich muß mich darauf verlassen, daß ich täglich die Kräfte bekommen werde, die ich brauche.
Ist das nicht abenteuerlich, so konkret mit Gottes Barmherzigkeit zu rechnen? Wird dieses Vertrauen mich tragen? Oder werde ich jämmerlich scheitern?
Mir fallen ein paar Verszeilen von Werner Bergengruen ein, die diese ganze Widersprüchlichkeit ausdrücken:

»Unberaten und unbegleitet
mußt du das Wagnis des Petrus wagen.
Ob dich die Wellen wie Hände tragen?
Ob der Herr dir entgegenschreitet?
Ich weiß es nicht.
Und du darfst mich nicht fragen.«

Es ist nicht so, daß ich diese Reise unter allen Umständen will. Im Moment fiele es mir wesentlich leichter, sie abzusagen und ganz auf Nummer Sicher zu gehen. All die tausend Unwägbarkeiten, die mit solch einer Reise verbunden sind, ängstigen mich.
Hast Du schon einmal darüber nachgedacht, daß allein das Toilettenproblem schier unlösbar ist? Die Vorstellung, in der Wüste zu stehen, pinkeln zu müssen und keine Möglichkeit dazu zu haben, ist entnervend. Das hat mich manche schlaflose Nacht gekostet. Ich habe überlegt, ob ich mich mit Windeln eindecken soll. Ich habe mich diesbezüglich mit Spezialfirmen in Verbindung gesetzt, aber nichts Brauchbares gefunden. Das Problem

besteht nicht erst seit dieser Reise. Gar manches Mal quälte mich unerträglicher Durst, wenn ich unterwegs nichts trinken durfte. Nun heißt es aber, daß man in Israel des Kreislaufs wegen viel trinken müsse. In diesen Tagen hat mir eine Frau ein handliches »Schiffchen« geschickt. Das könnte eine Lösung sein, weil ich damit nicht mehr auf die für den Rollstuhl zu engen Toiletten angewiesen wäre. Ich kann nur hoffen, daß ich meine beträchtlichen Hemmungen überwinden kann und daß ich eine Frau finde, die ohne großes Getue bereit ist, das Gefäß zu leeren.
Ob es Dir komisch vorkommt, daß ich mit Dir über dieses heikle Problem rede?
Johannes, ich wollte einfach, daß Du verstehst, daß meine Ängste berechtigt sind, daß sie ganz konkrete und existentielle Ursachen haben. Manchmal ärgert mich sehr, daß selbst diese urmenschlichen Bedürfnisse so erschwert sind. Vielleicht sagst Du jetzt, was man nicht ändern kann, daran muß man sich gewöhnen. Nur: ich muß mich dabei immer wieder auf fremde Menschen einlassen, von denen ich nie weiß, wie sie reagieren werden. Ich habe darin bis heute keine dicke Haut bekommen. Ich bin nach wie vor verletzlich. Und davor habe ich Angst.
Sei unbesorgt, ich tue den Schritt über meine Angst hinaus. Ich werde neue Erfahrungen sammeln und mich aktiv darauf einlassen.
Leb wohl! Mein nächster Brief kommt erst, wenn ich aus Israel zurück bin. Du, ich bin selbst gespannt, was ich Dir dann berichten werde.
Bitte schicke manchmal Deine guten Gedanken zu mir. Ich freue mich, wenn ich Dir unterwegs begegne...

Im Negev, 12. April 1980

Lieber Johannes!
Ich bin gestern abend in der Wüste unter einem unwahrscheinlich schönen Sternenhimmel gestanden. Als ich den großen Bären sah, habe ich mich erinnert, daß Du mir einmal sagtest, unter ihm könnten wir uns manchmal Grüße schicken. Du warst mir plötzlich ganz nah, und ich habe Dir viel erzählt von einem herrlichen Flug über die Alpen, von der Ankunft in Israel und von einer Gruppe, in der ich mich wohlfühle. Die Wüste ist beeindruckend, und ich finde gut, daß wir nicht im lauten Jerusalem unsere Reise begonnen haben, sondern erst einmal

in die Stille kamen. Die Karte kann nur einen unvollkommenen Eindruck von der Schönheit des Landes vermitteln. Sie sollte Dir nur zeigen, daß mein Erzählen an Dich weitergeht.

27. April 1980

Lieber Johannes!

Ich bin gesund und wohlbehalten aus Israel zurückgekehrt. Mein Herz ist voll Dank für all das Schöne, das ich erleben durfte. Ich will keinen der üblichen Reiseberichte schreiben. Für Dich wird unwesentlich sein, wo wir überall waren. Nur soviel: wir haben zwei Tage im Negev gewohnt, waren dann acht Tage in Jerusalem, und die restliche Zeit hatten wir unser Quartier am See Genezareth. Wir waren täglich von morgens bis abends unterwegs. Und hier beginnt schon das erste Wunder. Ich habe all die Busfahrten – auch von der Wirbelsäule her – erstaunlich gut vertragen. Zwar war ich abends, wenn wir nach Hause kamen, todmüde. Die Hüftgelenkschmerzen blieben erträglich. Manchmal wollte mich die Sorge überfallen, wie ich die weiteren Tage bestehen sollte, wenn ich mich jetzt schon so erschöpft fühlte. Aber dann habe ich mich daran erinnert, daß ich immer nur einen Tag bestehen muß und dann wieder einen und wieder einen. Ich machte mir bewußt, daß für heute die Kraft gereicht hatte und daß ich sie morgen wieder haben würde. Und ich hatte sie wieder. Jeden Tag neu. Dies ist für mich eine ganz elementare Erfahrung gewesen. Ich hatte einfach darauf vertraut, daß es einen gab, der zu mir gesagt hatte:

»Geh . . . in ein Land, das ich dir zeigen will.«

Ich war gegangen.

Nun war es an Ihm, seine Verheißung zu erfüllen. Es war wie mit dem Manna in der Wüste. Das gab es täglich. Aber nie im voraus.

Ob ich dem begegnet bin, der mir sein Land zeigen wollte? Ich kann nicht sagen, daß ich Ihn nach Jerusalem habe reiten sehen. Ich sah Ihn auch am See Genezareth nicht stehen. Aber ich bin seinen Spuren nachgegangen, und manchmal war es wie eine Begegnung.

Ich werde zum Beispiel nie vergessen, wie wir auf irgendeinem Hirtenfeld in der Nähe von Bethlehem lagerten, anschließend in eine Steinhöhle gingen und dort das Weihnachtsevangelium sprachen.

Die angeblich historischen Stätten haben mich oft wenig beein-

druckt, um so mehr aber zum Beispiel ein Fischer am See Genezareth, der seine Netze auswarf. Wir saßen am Ufer, aßen, und im Brotbrechen und Teilen wurde plötzlich eine biblische Geschichte lebendig.
Ich habe meinen Geburtstag in einer Kirche am Teich Bethesda gefeiert. Du kennst die Erzählung von dem Mann, der 38 Jahre krank war und der Jesus klagte:
»Ich habe keinen Menschen!«
Ich habe in diesem Gotteshaus von Herzen dafür gedankt, daß in meinem Leben das nicht mehr stimmt: »Ich habe keinen Menschen.« Zwar fehlt mir ein Mensch, der ganz zu mir gehört. Aber ich habe so viele Freunde, die mein Leben bereichern, so daß es mich einfach dankbar macht. Auch Du bist einer von ihnen, und es ist schön, mit Dir auf dem Weg zu sein...
Sicher wird Dich auch interessieren, wie ich in die Gruppe aufgenommen war. Zu Beginn meiner Reise hatte ich mir bewußt gemacht, daß ich keine Zumutung, sondern ein Geschenk sei. Offensichtlich habe ich das auch ausgestrahlt. Mehrere Teilnehmer haben mir versichert, wie wichtig es für sie sei, daß ich mit dabei bin. Jörg Zink sagte, er hätte kaum einmal eine Gruppe mit solch harmonischer Atmosphäre erlebt. Ich hoffe, Du hältst es nicht für vermessen, wenn ich meine, dazu habe nicht unwesentlich mein Dabeisein beigetragen. Die Leute sahen meine Schwierigkeiten, und ihre eigenen wurden davor klein. Daß meine Probleme sie nicht belasteten, lag vermutlich daran, daß ich versuchte, sie mit Humor zu meistern. Die Reiseteilnehmer mochten mein Lachen und meine positive Lebenseinstellung, und für mich war schön, so in die Gruppe aufgenommen zu sein.
Allerdings trug dazu nicht unerheblich bei, daß sie kaum einmal durch den Rollstuhl gefordert wurden. Jörg Zink hatte einem jungen Mann ermöglicht, kostenlos an der Reise teilnehmen zu können. Dafür mußte er mir dort, wo ich der Hilfe bedurfte, zur Verfügung stehen. Ich war dankbar, daß ich nicht jeden Morgen bangen mußte, ob irgendein Reiseteilnehmer den Rollstuhl schieben würde. Es mußte sich keiner von der Gruppe zur Hilfe verpflichtet fühlen. Das ermöglichte ihnen, leichten Herzens dann dort zuzupacken, wo Matthias mit dem Rollstuhl allein nicht mehr zurechtkam. Denn manchmal gab es fast halsbrecherische Situationen.
Daß ich nicht alles mitmachen konnte, war selbstverständlich. Aber die Gruppe setzte meine Möglichkeiten viel weiter, als ich

sie mir gesteckt hätte. So haben sie mich einmal auf einen Berggipfel hinaufgehievt, wo die helfenden Männer zunächst nur noch auf einem Bein stehen konnten. Sie hoben den Rollstuhl über Geröll und Felsblöcke hinauf, damit auch ich den paradiesisch schönen Ausblick ins weite Land genießen konnte.
Matthias, mein Helfer, war ein ausgesprochener Glücksfall. Obwohl der junge Mann noch nie einen Rollstuhl in der Hand gehabt hatte, ging er so sicher damit um, als hätte er jahrelange Praxis. Das hat mir manchen Weg erleichtert, denn in Israel sind fast alle Wege steinig und steil, keineswegs rollstuhlgängig und von daher nicht immer ungefährlich. Das ersiehst Du schon daran, daß ich dreimal einen platten Reifen hatte. Unser arabischer Busfahrer hat ihn immer wieder geflickt und einmal tröstend zu mir gesagt, dies wäre besser, als wenn es ein Omnibusreifen wäre. Aber es war schon aufregend, wenn mich mein Vehikel so plötzlich im Stich ließ.
Ich merke, wie armselig mein Erzählen ist. Es gelingt mir nicht, Dir auch nur annähernd all das zu vermitteln, was ich in diesen 14 Tagen erlebt habe. Aber vielleicht ist das auch gar nicht wichtig.
Vielleicht spürst Du, daß es erfüllte Zeit war. Zeit, die ich ganz intensiv genossen habe. Vieles muß sich erst »setzen«. Manches ist schon vom Vergessen überlagert, und ich muß es in der Erinnerung erst wieder Gestalt gewinnen lassen.
Alles in allem: Es war ein unvergeßliches Erlebnis. Ich hätte mich um viel Reichtum gebracht, hätte ich diese Reise nicht gewagt.
Hab nochmals Dank, daß Du mich ermutigt hast, den Flug zu wagen...

29. April 1980

Lieber Johannes!
Heute nacht gegen ein Uhr hat mich Eberhard, ein Alkoholiker, angerufen. Er trinkt wieder, und ich war betroffen, daß er nicht einsehen wollte, daß er das erste Glas stehen lassen muß. Er hatte viel Mitleid mit sich selbst, und was er erzählte, klang alles so verzweifelt und trostbedürftig, daß ich aufpassen mußte, nichts zuzustreicheln. Trotz meiner Angst, er würde einhängen, wenn ich ihm nicht nach dem Mund rede, bin ich hart geblieben. Ich riet ihm, nochmals eine Therapie zu machen. Aber er hatte tausend Einwände, warum das nicht ginge.

Aus allem spürte ich die Angst, sich ändern zu müssen. Stark wollte er sich fühlen und verantwortlich sein für eine Frau mit drei Kindern, mit der er augenblicklich zusammenlebt. Er lud mich zur Hochzeit ein, wenn er heiraten würde. Zwar sah er ein, daß er ziemlich in der Scheiße hockte, aber er wollte nicht begreifen, daß er selbst den Arsch hochnehmen muß und daß dies kein anderer für ihn tun kann. Ich sagte ihm, er solle zu den Anonymen Alkoholikern gehen. Aber er meinte, er hätte dort schlechte Erfahrungen gemacht. Du kennst ja all die Einwände, die Alkoholiker haben, um mit dem Trinken nicht aufhören zu müssen. Eberhard sagte dann zwar, es sei ihm jetzt einiges klarer geworden und ich hätte ihm viel geholfen. Aber ich war davon nicht sehr überzeugt.

Mich hat dieses Gespräch eine schlaflose Nacht gekostet. Ich meinte es gut mit Eberhard, und es fiel mir schwer, einzusehen, daß ich ihm nicht helfen konnte. Ich finde das ungemein belastend. Noch immer würde ich wer weiß was alles inszenieren, um jemandem aus seiner Misere herauszuhelfen. Dabei wird mir klar, daß *ich* das Gefühl brauche, etwas tun zu können, weil ich die eigene Ohnmacht nicht aushalten kann. Sich bis zur Selbstaufgabe zu engagieren, erscheint mir wesentlich leichter, als zuzusehen, wie der andere sich zugrunderichtet, und nichts dagegen tun zu können. Du sagtest einmal:

»Nicht mehr zu helfen, ist oft die beste Hilfe.«

Daß das Liebe sein kann, so zuzuwarten, muß ich erst mühsam lernen.

Ich werde als Gesprächspartnerin für Eberhard zur Verfügung stehen, wenn er mich braucht. Aber ich werde nicht versuchen, seine Probleme für ihn zu lösen. Dabei muß ich das Risiko aushalten, daß er aus Enttäuschung die Beziehung zu mir abbricht. Aber ich hoffe, daß er in Deiner Klinik so viel gelernt hat, daß er hinter der scheinbaren Härte den ehrlichen Wunsch spürt, ihm Hilfe zur Selbsthilfe zu vermitteln.

Ich frage mich, wie Du das aushältst. Denn damit wirst Du ja täglich konfrontiert, daß Du Menschen zeigst, wo sie sich ändern müssen, und daß sie den gewiesenen Weg ausschlagen. Du mußt sie gehen lassen. Daß Dir das weh tut, weiß ich. Bist Du da nicht auch manchmal versucht, billigere Angebote zu machen? Dem anderen Deine Entscheidungen anzubieten, anstatt ihn selbst entscheiden zu lassen? Woher nimmst Du die Kraft, in dieser ständigen Anspannung zu leben, ob einer aus seinem »gemütlichen Elend« aufstehen wird oder hocken bleibt?

Wie oft hast Du gesagt:
»Arsch hoch und auf die Füße!«
Das klingt brutal. Manchmal habe ich Dich wegen dieser Aufforderung gehaßt und mich hinter der Tatsache verschanzt, daß bei mir fast immer ein anderer mit aufstehen muß, wenn ich unterwegs sein will. Ich kann eben nicht allein zu Dir fahren, auch wenn ich es noch so nötig bräuchte. Bis ich jemanden gefunden habe, habe ich mir meist viel dummes Gerede anhören müssen, so daß mir dann fast alle Lust vergangen ist. Auch bei einer erreichten Zusage muß ich häufig mehr Zugeständnisse machen, als mir guttut.
Trotzdem weiß ich, wie recht Du mit Deiner Aufforderung hast, wie lebensnotwendig es ist, nicht sitzenzubleiben, sondern immer wieder aufzustehen, aufzubrechen und unterwegs zu sein. Manchmal erscheint mir der Preis dafür zu hoch. Dann bleibe ich in meiner Einsamkeit hocken und bringe mich selbst um manch bereicherndes Erlebnis. Ich finde den Gedanken aufregend, wieviele Begegnungen ich dadurch vielleicht schon verpaßt habe.
Trägheit ist der Feind alles wirklichen Lebens.
Es ist wohl eine große Kunst, dies richtig auszubalancieren: das Unterwegssein und das Zu-Hause-Bleiben. Ich bin auch gern bei mir selbst zu Gast. Ich brauche dieses Begegnen mit mir. Ich weiß, daß Du das gut findest.
Ich muß noch einmal auf den Schmerz zurückkommen, den Du empfindest, wenn Du einen Menschen, der in seiner Selbstzerstörung nicht aufzuhalten ist, gehen lassen mußt. Ich ahne, wie schwer Dein Beruf ist, vor allem, weil Du Dich so aktiv darauf einläßt. Ich habe ja miterlebt, wie sehr Du auch Mißverständnissen und Anfeindungen ausgesetzt bist. Ob Dir da ein Trost ist, daß es in Deiner Klinik mehr Therapieerfolge als in den meisten anderen Kliniken gibt? Ich habe mich immer wieder gewundert, daß Du so auf Ermutigung angewiesen bist. Bei all der Zuwendung, die Du immer wieder erfährst, erschien mir das unbegreiflich. Ich habe daneben kaum einmal Deinen Schmerz und das Gefühl der Ohnmacht zur Kenntnis genommen, das auch Dir nicht erspart bleibt. Ich sah immer nur den erfolgreichen Therapeuten, dem vieles gelingt. Ich vergaß, wie verletzbar Du in Deiner Sensibilität vermutlich immer bleiben wirst.
Jetzt, wo ich darüber nachdenke, weiß ich, daß ich manchmal Schmerz und Trauer in Deinen Augen gesehen habe. Deine angespannten Gesichtszüge waren nicht immer nur die Folge von

Überarbeitung. Auch Du kennst Enttäuschung und Ohnmacht. Das ist es, was Dich so menschlich macht.
Ich mag das Wort Demut nicht sonderlich, weil es bei uns weithin so negativ belegt ist. Aber ich meine, bei Dir habe ich manches Mal Demut gespürt. Das hat mich sehr angerührt und bewegt. Vielleicht kannst Du Deine Arbeit nur tun, weil Dein Leben einem gehört, der stärker ist als Du. Vielleicht ist das das Geheimnis Deines Erfolgs.
Ich weiß nicht, was Du beim Lesen dieses Briefes empfinden wirst. Ich wünsche mir, daß Du Dich von mir verstanden fühlst.
Freut es Dich, daß wir uns begegnet sind?

3. Mai 1980

Lieber Johannes!
In wenigen Wochen werden wir uns auf der Behindertentagung wiedersehen. Ich freue mich auf diese Begegnung und hoffe auf ein längeres Gespräch mit Dir. Ich merke, daß ich doch Dein Echo auf meine Briefe brauche, und so bitte ich Dich schon jetzt: plane genügend Zeit dafür ein.
Ich möchte heute meine regelmäßigen Briefe an Dich beenden. Ich danke Dir, daß Du mir in all den Monaten zugehört hast; daß Du mir ermöglicht hast, manches in der Erinnerung noch einmal nachzuerleben. Für mich war dies ein wichtiger Prozeß. Ich habe gemerkt, daß ich viel bei Dir gelernt habe. Zwar stellen Freunde immer wieder fest, daß die in der Klinik geübten Verhaltensweisen im Alltag unmöglich realisiert werden können. Sie haben recht: Ich kann nicht losbrüllen, wenn mir danach zumute ist. Aber ich brauche das heute auch nicht mehr. Der Schrei war nichts anderes als ein Werkzeug, mit meinen verschütteten Gefühlen in Verbindung zu kommen.
Schimpfwörter, in der Klinik erlaubt, kann ich übersetzen. Sie klingen dann vielleicht so:
»Das lasse ich mir nicht mehr gefallen.«
Dazu war nötig, daß ich selbstbewußter wurde. Ich weiß heute, daß ich dem Schmerz nicht mehr ausweichen muß. Ich kann ihn zulassen, und indem ich ihn bejahe, verarbeite ich ihn.
Auch daß ich Angst haben darf, weiß ich. Ich weiß aber auch, daß ich einen Schritt darüber hinaus tun muß. Seit ich Angst, Schmerz und Wut akzeptiere, kann ich mich auch wieder freuen. Seitdem spüre ich viel intensiver, daß ich lebe.

Leben – mein Gott, welche Fülle! Welcher Reichtum!
Johannes, ich weiß, daß es kein Zufall war, daß ich Dir begegnet bin.
Mir geht heute schon den ganzen Tag ein Vers durch den Kopf:

»Man ist sich fremd,
man lernt sich kennen,
man gewinnt sich lieb
und muß sich trennen.«

Mir ist, als wäre dieser Brief ein Abschiedsbrief. Ich weiß, daß unsere Verbindung künftig nicht mehr so intensiv sein wird, wie sie es in diesen Monaten für mich war. Wir sind ein Stück des Weges miteinander gegangen. Ich weiß, daß Du immer wieder einmal Angst vor Abhängigkeit gehabt hast. Vielleicht war ich eine Zeitlang auch wirklich abhängig von Dir, von Deiner Wärme, Deiner Zuwendung, Deinen Ansichten und Aufforderungen. Vielleicht war eine Zeitlang in meinem Leben der Gedanke unerträglich, Du könntest für mich nicht mehr da sein.
Heute gebe ich Dich frei...
Heute weiß ich, daß ich allein weitergehen kann...
Manchmal werden sich unsere Wege kreuzen. Wir werden uns grüßen, werden uns aneinander freuen und werden weitergehen. Jeder seinen Weg.
Mein Herz ist voll Wärme und Dank. Ich vermag nicht auszudrücken, was alles in mir sich regt. Noch einmal laß es mich sagen:
»Umarmen möcht ich Dich!«

III. Nachwort

8. Mai 1980

Liebe Luise!

Auch ich möchte Dich umarmen. Jeder einzelne Deiner vielen Briefe war eine Umarmung, auch wenn Dich der Schmerz, eine unbändige Wut und herbe Enttäuschung manchmal fast umbrachten.

Es ist schon spät am Abend. Ich bin gerade vom amerikanisch-kanadischen Meeting der Anonymen Alkoholiker nach Hause gekommen. Ich habe heute dort richtig aufgetankt. Du kannst Dich noch erinnern, wie warm dort die Atmosphäre ist, der sich kaum einer entziehen kann. Jim und Mike und Bob und die vielen andern sind so echt und offen und einfach. Wie oft bringen sie den Satz, daß das AA-Programm, die zwölf Schritte (kein spezielles Programm für Alkoholiker), ein sehr simples Programm ist für komplizierte Leute wie Du und ich. – Manfred, Du erinnerst Dich sicher noch an ihn, mit seinem dunklen, kräftigen, wuschligen Haar und seinem Schnurrbart, der an einen heißblütigen Ungarn denken läßt, sagte vor der ganzen Runde in seinem unverfälschten, manchmal nicht leicht zu verstehenden Dialekt der hiesigen Gegend:

»I weiß scho, warum der Johannes heut wieder mol bei uns isch; er will halt wieder mol unner vernünftige Leut sei!«

Jim hat, wie es seine Art ist, sicher und behutsam, voller Herzlichkeit durchs Meeting geführt. Mit seiner Wärme, seinem so echten Lachen und seiner umwerfenden Schlichtheit hat er die vielen Neuen, die noch Angst haben, Alkoholiker zu sein, etwas von dem Leben kosten lassen, das er selbst ganz langsam, Schritt für Schritt in der Gemeinschaft derer, die zu sich selbst aufgewacht sind, finden konnte. Er strahlt dies auch aus. Mike, der kleine hagere Kanadier, hat dann, Du weißt schon, die Glasmurmeln an all die, die in der nächsten Woche weggehen werden, verteilt. Die bunten, glatten Murmeln mit den kleinen Luftbläschen im Glas mögen demjenigen, der sie bei sich trägt, in Momenten von Mutlosigkeit, Unlust, Hoffnungslosigkeit und Niedergedrücktsein wieder begreifbar werden lassen, was er hier gelernt hat. Jeder von den Beschenkten hat dann mit einigen Worten, oft so angerührt, daß die Sprache stockte, zum

Ausdruck gebracht, was er in der Gruppe gefunden hat: viel Hoffnung, ein neues Lebensgefühl, Zuneigung, Vertrauen und Liebe, für die er keine Vorleistung bringen mußte, lediglich den Wunsch im Herzen und die Sehnsucht auszudrücken, daß er leben wolle. Wie viele von ihnen glaubten, daß sie schon das Möglichste getan hatten. Und viele haben hier das Unmögliche erreicht. Du erinnerst Dich noch, welch unbeschreibliche Wärme nach dieser kleinen Zeremonie im Raum ist. Und alles ist echt. Was wir in einem solchen Moment spüren und erfahren, ist die Wirklichkeit, ist das *Leben*, das wir uns vermitteln können, wenn immer wir nur wollen und dazu bereit sind. Eins kommt mir dabei immer wieder wie eines der großen Wunder dieses Jahrhunderts vor, daß seit über 45 Jahren ehemalige Trunkenbolde, Strandgut der Gesellschaft, Ausgestoßene oder – wie heißt doch die Formulierung, die die Psychiatrie geprägt hat? – halt- und willensschwache Sozio- und Psychopathen uns ein Leben von derartiger Erfüllung vorexerzieren, wie es nur wenige Menschen erfahren können.
Das erstaunlichste Phänomen dabei ist, daß diese Menschen zu diesem neuen Leben oder zu dieser – wie sie es auch nennen – Neugeburt kommen konnten, nachdem sie von Therapeuten und all den vielen andern, die am Menschen arbeiten, aufgegeben waren. Dann wurden sie nicht mehr abgelenkt und konnten auf das zurückgreifen, was das Wesentlichste ist. C. G. Jung beendete seinen Brief vom 30.1.1961 an Bill Wilson, den Begründer der Anonymen Alkoholiker, mit der hilfreichen Formel *spiritus contra spiritum*. Mit dieser Formulierung wollte er das Wirken der Gemeinschaft der Anonymen Alkoholiker kurz und prägnant beschreiben. Anstelle von Weingeist wirklichen Geist, anstelle von Selbsttäuschung wieder die Klarheit, anstelle von eigenem Willen, eigenen Ideen, eigenen Konzepten und Vorstellungen den einen, großen Willen.
Außer einigen wenigen, die ich schon genannt habe, kennst Du keinen von all den vielen, die heute abend im Meeting waren. Du weißt aber aus Deiner Erfahrung, daß – wenn immer Du ihnen begegnen würdest – es keine Fremden für Dich wären, sondern Freunde, denen zu begegnen Du halt noch keine Gelegenheit hattest.
Ja, aus diesem Erleben heraus und aus der immer wieder neu geschenkten Freude und meinem Staunen, daß dies alles überhaupt möglich ist, habe ich mich jetzt einfach mal hingesetzt,

um Dir zu schreiben, um mit Dir ein wenig zu plaudern und einfach die Feder laufen zu lassen.
Wie oft schon habe ich, nach jedem Deiner Briefe, eine Antwort – in Gedanken – an Dich verfaßt. Aber leider habe ich mich nach einem Arbeitstag abends nicht mehr aufraffen können, das alles zu Papier zu bringen. Du weißt, dann läßt plötzlich der Schwung nach, und eine große, wie ich glaube natürliche Müdigkeit überfällt mich. Die zahlreichen Schicksale, in die Einblick zu nehmen ich das Privileg habe, werden ja mit dem Herzen gesehen und beschäftigen mich noch lange, auch wenn ich dann zu Hause bin. Manchmal hilft es mir – so glaub ich wenigstens, und das deckt sich auch mit meiner Erfahrung –, die richtige Einstellung zum andern dadurch zu finden, daß ich das, was mich angerührt hat, in mir noch einige Zeit trage. Ich habe manchmal den Eindruck, daß am andern Tag, wenn wir uns dann wieder begegnen, irgend etwas geschehen ist. So ist dies alles auch wie ein Gebet, eine Fürbitte.
Du hast immer wieder in Deinen Briefen zum Ausdruck gebracht, daß Du keine schriftliche Antwort erwartetest. Ich habe durch Deine Zeilen spüren dürfen, daß Du um den Dialog wußtest und ganz sicher sein konntest, daß alles, was Du mir anvertrautest, richtig aufgenommen wurde. Du kamst mir sehr nahe in Deinen Briefen, anders als durch die vielen kurzen Gespräche und Begegnungen: einen Blick, eine Umarmung ... Deine Briefe waren eine andere Ebene der Begegnung, und sie haben mich andere Seiten Deines Wesens erkennen lassen.
Dein letzter Brief kommt mir wie ein Abschiedsbrief vor. Es ist etwas zu Ende gekommen. Es ist abgerundet. Etwas Neues darf ganz sicher beginnen. Dabei wird – wie ich ganz sicher bin – unser Dialog nie enden, solange Du und ich auch, wir beide, aus Liebe zum Leben ein so intensives, intimes Zwiegespräch mit allem, was uns Partner sein kann, unterhalten. Es ist eine wunderschöne Liebesgeschichte, die Du mit dem Leben angefangen hast. Und zu jeder Liebesgeschichte gehören auch Tränen und Angst und Unsicherheit und Zweifel und Enttäuschung. Aber wer wie Du eine so innige, hingabevolle Beziehung mit all dem eingegangen ist, der bleibt mit allen, die er liebt, ganz lebendig verbunden. Das Wort Abschied wird gleichbedeutend mit Anfang, weil sich ganz einfach ein Kreis schließt; wie nach dem Sonnenuntergang uns die kühle Nacht auf immer die gleiche geheimnisvolle Weise einem neuen Morgen entgegenbringt, der uns dann wieder im *Jetzt* sein läßt.

Bist Du Dir, Luise, eigentlich bewußt, daß Deine Briefe ein besonderes, heutzutage sehr selten gewordenes Geschenk sind? Wer nimmt schon mit einem andern eine so offene, intensive Beziehung auf, in der er schonungslos sein Herz offen darlegt und seine Schwächen, sprich Bedürfnisse, Bedürftigkeit dem andern kundtut! Wir haben ja alle eine panische Angst, uns nahezukommen, obwohl wir uns so unendlich danach sehnen. Wir wagen es nicht, uns dem andern zu nähern und uns ihm zu öffnen, obwohl dieser nur auf einen eindeutigen Schritt in seine Richtung wartet. Dieses tiefgegründete Mißtrauen hindert uns daran, uns auch ganz in das Leben, rückhaltlos, hineinzugeben, um alles, was uns zusteht, aus dem Leben herauszuholen. So mag uns immer wieder eine tiefe Todessehnsucht packen, in der wir uns das Leben nehmen wollen. Die Schuldgefühle, die wir dabei haben, rühren dann nicht von den religiösen Unterweisungen her, sondern sie hängen in uns mit dem untrüglichen Gefühl zusammen, daß für uns ein anderes Leben vorgesehen und auch erreichbar ist. Wir dürfen uns, ja, wir sollen uns das Leben in Gottes Namen nehmen, das uns geschenkt ist und von dem wir überhaupt noch keine Ahnung haben.
Ist es nicht himmelschreiend grotesk, daß wir beide uns über einen Krankenschein kennenlernten und uns nahekamen? Du bist doch mit der Vorstellung gekommen, krank zu sein. Du hast eine Klinik aufgesucht, in der es – einem alten Brauch folgend – ja auch Therapeuten geben muß. Dieser Deiner Vorstellung entsprach nun nichts von all dem, was Du in dem umgebauten Wirtshaus angetroffen hast. Aus dem bunten Haufen lösten sich dann einige Gestalten heraus, die sich Deiner annahmen, auf keinen Fall trugen sie die üblichen Merkmale des Therapeuten. Im übrigen machten sie Dich ziemlich schnell darauf aufmerksam, daß Du nicht krank bist im Sinne der kurativen Medizin, sondern einfach unglücklich. Und unglücklich zu sein, macht einen erst richtig »krank«. Es ist ein Symptom von Hunger und Durst, von Hunger nach Leben. Und wie es für den körperlichen Hunger keine Kur, keine Behandlung gibt, so gibt es auch für den Hunger nach Menschlichkeit keine Behandlung. Es gilt einfach, essen zu lernen. Helen Keller, die seit frühester Jugend aufgrund einer Erkrankung blind, taub und stumm war, soll am Ende ihres Lebens vermittelt haben, daß sie nicht begreifen könne, wie so viele Menschen innerlich darben, wo doch der Tisch dieser Welt für uns alle so reichlich gedeckt sei.

In einem langwierigen und oft schmerzhaften Erfahrungs- und Lernprozeß mit anderen Ausgehungerten (»Kranken«) zusammen mußtest Du dann nach und nach begreifen lernen, daß Du nie gelernt hattest, auf welche Weise Du diesen Hunger stillen kannst. Deine schwere Körperbehinderung hat noch obendrein dazu beigetragen, daß Du Dich nicht geliebt und damit auch nicht berechtigt fürs Leben erfahren hast. Du konntest Dich nicht annehmen, Dich nicht lieben – und damit auch nicht die anderen und das Leben. So nahmen Dein Hunger und Durst nach Leben und Liebe immer mehr zu und wurden immer quälender. Und all die Symptome des Hungers stellten sich ein wie Un-Wohlsein, Un-Behagen, Un-Lust und Un-Vermögen. Und Du hast gegrübelt, verzweifelt nach Erklärungen und Ursachen für diesen Zustand gesucht. Wie sollten wir auch verstehen können, daß wir einfach zu *dumm* zum Leben waren. Wir haben einfach nie gelernt und waren dadurch nicht in der Lage, dem Anruf des Lebens *verantwort*ungsfähig zu folgen und die Einladung, die an jeden von uns erging und immer wieder ergeht, die Einladung zum Fest, anzunehmen. So ist es uns nie gelungen, einen erfüllenden, befriedigenden und lohnenden Dialog in unserem partnerschaftlichen Bezug mit dem Leben aufzunehmen.

Ja, liebe Luise, Du hast das in Deinen Briefen und der Beschreibung Deines Abenteuers so deutlich werden lassen, daß es bei solchen Zuständen nichts zu behandeln oder wegzukurieren gibt. Da sind auch keine Therapeuten gefragt, sondern Lehrer, die den verzweifelten, selbstunsicheren Schüler warm annehmen, wie er gerade ist, und ihn wissen lassen, daß sie seine Ängste, sein Gedrücktsein, seine Selbstvorwürfe und seine Schwierigkeiten kennen. Dann kann der abenteuerliche Weg aus der Hoffnungslosigkeit, dem Selbsthaß, der Verzweiflung und der Anklage mit all seinen unverhofften Hindernissen und Umwegen beschritten werden. Ist es nicht so, daß unsere Lehr-und-Lern-Gemeinschaft, in der Lernende und Lehrende in einem ständigen Rollenwechsel sind und jeder den anderen braucht und jeder vom andern etwas erfahren kann, der ganz bescheidene Versuch ist, das zu leisten, was früher die Großfamilien und die verschiedenen spirituellen Lebensgemeinschaften auf ganz natürliche Weise an Vorbereitung und Ausrichtung aufs Leben anboten?

Wenn wir ins Elend gekommen sind, was im Sprachlichen ja auch heißt »ins Ausland«, in ein fremdes Land, wo die Hungersnot ausgebrochen ist, wie es in der Geschichte des verlorenen Sohnes beschrieben wird, wenn wir es bei den Schweinen nicht mehr aushalten, die wir zu hüten und zu füttern haben und von deren Schoten wir nichts nehmen dürfen, dann treibt es uns nach Hause, und wir entdecken unsere wirkliche Familie. Wir müssen alle unsere Vorbehalte und unsere Vor-Eingenommenheit aufgeben lernen. Dann entdecken wir plötzlich, daß alle die, die uns wie Fremde vorkamen, unsere Brüder und Schwestern sind. Wir finden nach Hause und erleben vielleicht zum erstenmal, daß wir daheim, daß wir geborgen sind. Und zeitweise überkommt uns ganz mächtig das beglückende Gefühl, daß uns nichts passieren kann. Und wir erleben, daß wir satt werden können. Wir entdecken das Brot, das unseren Hunger stillt, das Wasser, das unseren Durst löscht. Und wir verstehen und begreifen plötzlich, daß wir unsere Symptome nicht mehr brauchen und all die verschiedenen Versuche und Mittel, mit denen wir die Symptome von Hunger und Durst überdecken und unterdrücken mußten: Medikamente, Drogen, Alkohol, Arbeit, Essen, Hobbies, Fernsehen, Lektüre, Sport, Fortbildung, Diplome, Anerkennung, Kaufen...

Von der Fremde wieder nach Hause zurückkehren, das ist, ganz schlicht ausgedrückt, das Abenteuer, das viele – wie auch Du – in unserem Haus erlebt haben. Erinnerst Du Dich noch, was Jackie, die Du ja auch kanntest, vor ihrem Weggang aus unserer Lebensschule sagte?

»Ich wurde durch einen Haufen verrückter Deutscher ins Leben hineingeliebt. Ich werde zum Bürgermeister des Ortes gehen und ihn bitten, mir eine Geburtsurkunde auszustellen. Denn ich kam wohl in Minnesota auf die Welt, aber ins Leben hineingeboren wurde ich hier bei Euch.«

Weißt Du, Luise, daß Du inzwischen ein ganz gefährlicher Keimträger geworden bist? Du verbreitest, überall wo Du hinkommst, eine Menge ansteckende Gesundheit. Du hast ja von Deinen verschiedenen Leseabenden berichtet, wie die Anstekkung dann sofort um sich greift. Ich fand es ungeheuer mutig, für die Behinderten-Tagung das Motto »Ich bin liebenswert« vorzuschlagen. Ich könnte mir vorstellen, daß so mancher bei dieser Tagung nicht nur an seine Grenzen kommt, sondern es wagt, diese Grenzen zu überschreiten, um dann etwas zu entdecken, was er bisher für total unmöglich hielt.

Liebe Luise, es ist schon nach Mitternacht. Der neue Tag hat schon begonnen. Ich wünsche Dir eine gute Zeit. Du weißt, Du

bist nicht allein. Es gibt diese Familie, die auf mehr gegründet ist als auf die Bande und Beziehungen, die wir kennen und uns vorstellen. Ich freue mich, daß wir uns begegnet sind und in allem, was wir so ähnlich tun, uns immer wieder begegnen. Wir haben noch lange nicht ausgeschöpft, was uns zusteht. Ein ganzes Leben wird nicht ausreichen, den Reichtum zu bergen. Dies klingt alles wie Utopie. Ich würde mich auch nicht wundern, wenn der eine oder andere, der uns zuhören könnte, nur ein mildes Lächeln für uns hätte. Ohne die Erfahrung, die dann zum Wissen wird, ist dies auch nicht zu begreifen.
In Verbundenheit drücke ich Dir die Hand und sage Aufwiedersehen und Aufwiederfühlen.

Dein Johannes

Persönliche Erfahrungen mit Krisen

Ilse van Heyst
Das Schlimmste war die Angst
Geschichte einer Krebserkrankung und ihrer Heilung
Band 3902

Christine Hofmann
Stunden, die zählen
Ein Kind findet ein Zuhause
Band 3296

Ruth van Leeuwen
Rückkehr zur Offenheit
Eine Frau lernt ihr Leben wieder lieben
Band 3271

Christiane Lenker
Krebs kann auch eine Chance sein
Zwischenbilanz oder Antwort an Fritz Zorn
Band 3288

Marlene Lohner
Plötzlich allein
Frauen nach dem Tod des Partners
Band 3290

Mary MacCracken
Lovey
Die Therapie eines schwierigen Kindes
Band 3274
Charlie, Eric und das ABC des Herzens
Außenseiter im Klassenzimmer
Band 3273

Helene Merz
Die verborgene Wirklichkeit
Geschichte einer Verstörung
Band 3265

Hiltrud Minwegen
Mario
Von der Sucht zur Hoffnung
Band 3282

Bertram Münker
Schmerzlose Entwicklung
Ein Krebstagebuch
Band 3275

Elisabeth Opitz
Horch in das Dunkel
Ein Bericht über eine Depression
Band 5193

Regina Pickel-Bossau/Walter Bachmann
Ich will - laßt mich
Ein Leben mit Rollstuhl und Krücken
Band 3270

Nina Rempp
Schichtbarrieren
Von den Verständigungsschwierigkeiten in einer Psychoanalyse
Band 3254

Anne Rosenberg
Die Verweigerung
Bericht über ein Adoptivkind. Band 3266

Fischer Taschenbuch Verlag

fi 26/8b

Geist und Psyche
Begründet von Nina Kindler 1964

Neuere Psychotherapien

Gaetano Benedetti
Der psychisch Leidende und seine Welt
Band 42139

Eric Berne
Was sagen Sie, nachdem Sie »Guten Tag« gesagt haben?
Band 42192
Struktur und Dynamik von Organisationen und Gruppen
Band 42201

Bruno Bettelheim
Aufstand gegen die Masse
Band 42217
Die Geburt des Selbst
Band 42247

Medard Boss
Sinn und Gehalt der sexuellen Perversionen
Band 42080

Hilde Bruch
Grundzüge der Psychotherapie
Band 42295

Gion Condrau
Einführung in die Psychotherapie
Band 42115

Gesellschaft für wissenschaftliche Gesprächstherapie
Die klientenzentrierte Gesprächspsychotherapie
Band 42149

Herbert Goetze/Wolfgang Jaede
Die nicht-direktive Spieltherapie
Band 42262

Martin Grotjahn
Kunst und Technik in der Analytischen Gruppentherapie
Band 42270

Institutsgruppe Psychologie der Universität Salzburg (Hg.)
Jenseits der Couch
Band 42264

Abraham A. Maslow
Psychologie des Seins
Band 42195

Gertrud Orff
Die Orff-Musik-Therapie
Band 42193

O. G. Wittgenstein
Märchen, Träume, Schicksale
Band 42300
sagen – hören – sehen Von den Entbindungen des Bewußtseins
Band 42257

Fischer Taschenbuch Verlag

fi 362/7

Geist und Psyche
Begründet von Nina Kindler 1964

Psychologische Ratgeber

Raymond Battegay
Psychoanalytische Neurosenlehre
Band 42279

Hellmuth Benesch u.a. (Hg.)
Psychologie-Lesebuch
Band 42310

Gerd Biermann (Hg.)
Handbuch der Kinderpsychotherapie
Band 42299

Robert Bossard
Traumpsychologie
Band 42301

Leon Chertok
Hypnose
Band 42102

Gion Condrau
Einführung in die Psychotherapie
Geschichte, Schulen, Methoden, Praxis
Ein Lehrbuch. Band 42115

Maurice Dongier
Neurosen
Band 42241

Hans Driesch
Parapsychologie
Band 42030

John Eccles / Hans Zeier
Gehirn und Geist
Band 42225

Viktor E. Frankl
Ärztliche Seelsorge
Band 42157

Anna Freud
Einführung in die Technik der Kinderanalyse
Band 42111

Alexander Dill
Philosophische Praxis
Eine Einführung
Band 42327

Fischer Taschenbuch Verlag

fi 356 / 7 a

Geist und Psyche

Begründet von Nina Kindler 1964

Psychologische Ratgeber

Gesellschaft für
wissenschaftliche
Gesprächstherapie
Die klientenzentrierte Gesprächspsychotherapie
Band 42149

Herbert Goetze / Wolfgang Jaede
Die nicht-direktive Spieltherapie
Band 42262

Gustav Hans Graber
Pränatale Psychologie
Band 42123

Martin Grotjahn
Kunst und Technik in der Analytischen Gruppentherapie
Band 42270

Annelise Heigl-Evers / Franz Heigl
Gelten und Geltenlassen in der Ehe
Band 42128

Annelise Heigl-Evers / Franz Heigl
Lieben und Geliebtwerden in der Ehe
Band 42118

Karen Horney
Selbstanalyse
Band 42119

Werner W. Kemper
Der Traum und seine Be-Deutung
Band 42184

Christa Kniffki
Transzendentale Meditation und autogenes Training
Band 42197

Fischer Taschenbuch Verlag

fi 356/9b

Geist und Psyche
Begründet von Nina Kindler 1964

Psychologische Ratgeber

Aloys Leber / Hans-Georg Trescher / Elise Weiss-Zimmer
Krisen im Kindergarten
Psychoanalytische Beratung in pädagogischen Institutionen
Band 42315

Humberto Nagera (Hg.)
Psychoanalytische Grundbegriffe
Band 42288

Ann F. Neel
Handbuch der psychologischen Theorien
Band 42251

Gertrud Orff
Die Orff-Musik-Therapie
Band 42193

Erving und Miriam Polster
Gestalttherapie
Band 42150

Carl R. Rogers
Encounter-Gruppen
Band 42260

Therapeut und Klient
Band 42250

Partnerschule
Band 42236

Walter J. Schraml
Das psychodiagnostische Gespräch
Band 42305

Harold Stern
Die Couch
Band 42308

Daniel Widlöcher
Was eine Kinderzeichnung verrät
Band 42254

Hans Zulliger
Heilende Kräfte im kindlichen Spiel
Band 42328

Fischer Taschenbuch Verlag

fi 356 / 4 c

Geist und Psyche

Begründet von Nina Kindler 1964

Gruppenpsychoanalyse

Eric Berne
Struktur und Dynamik von Organisationen und Gruppen
Band 42201

Bruno Bettelheim
Aufstand gegen die Masse
Band 42217

W. R. Bion
Erfahrungen in Gruppen
und andere Schriften
Band 42322

Gesellschaft für wissenschaftliche Gesprächstherapie
Die klientenzentrierte Gesprächspsychotherapie
Band 42149

Martin Grotjahn
Kunst und Technik in der Analytischen Gruppentherapie
Band 42270

Peter Kutter / Jörg K. Roth
Psychoanalyse an der Universität
Band 42228

Aloys Leber / Hans-Georg Trescher / Elise Weiss-Zimmer
Krisen im Kindergarten
Psychoanalytische Beratung in pädagogischen Institutionen
Band 42315

Joseph Luft
Einführung in die Gruppendynamik
Band 42316

Horst Petri
Angst und Frieden
Band 42294

Harald Puhl
Angst in Gruppen und Institutionen
Band 42304

Carl R. Rogers
Encounter-Gruppen
Band 42260
Partnerschule
Band 42236

Hans Strotzka
Macht
Ein psychoanalytischer Essay
Band 42303

Fischer Taschenbuch Verlag

fi 485 / 7